El tigre de Nazar

GUSTAVO CASTILLO GARCÍA

El tigre de Nazar

"Había que ser fanático como ellos"

Grijalbo

El Tigre de Nazar
"Había que ser fanático como ellos"

Primera edición: noviembre, 2023

D. R. © 2023, Gustavo Castillo García

D. R. © 2023, derechos de edición mundiales en lengua castellana:
Penguin Random House Grupo Editorial, S. A. de C. V.
Blvd. Miguel de Cervantes Saavedra núm. 301, 1er piso,
colonia Granada, alcaldía Miguel Hidalgo, C. P. 11520,
Ciudad de México

penguinlibros.com

ISBN: 978-607-383-017-1

Impreso en México – *Printed in Mexico*

*A mi madre y abuelos maternos
que con su esfuerzo me enseñaron a
enfrentar la vida.*

A mis padres, esposa, hijos y hermanos.

*A quienes me han brindado su tiempo,
paciencia, amor, confianza, amistad y
apoyo a lo largo de todos estos años.*

*A mis compañeros de viaje en
La Jornada y en Mugs.*

Gracias, José Luis.

Índice

Presentación

Este libro es el resultado de un gran número de entrevistas hechas, entre febrero de 2003 y diciembre de 2011, a Miguel Nazar Haro, titular de la extinta Dirección Federal de Seguridad (DFS) de 1978 a 1982.

La DFS fue el principal órgano de inteligencia del sistema político mexicano hasta 1985, cuando José Antonio Zorrilla Pérez, sucesor del *Tigre*, fue acusado de ordenar el asesinato del periodista Manuel Buendía, autor de la columna "Red Privada". Su homicidio desembocó en la transformación de la DFS, y así nació el Centro de Investigación y Seguridad Nacional (Cisen), organismo que en la actualidad lleva el nombre de Centro Nacional de Inteligencia (CNI).

Esta obra aborda, a partir de las declaraciones de Nazar Haro, su niñez, su adolescencia, su vida como agente, su anticomunismo, su pasado poderoso y útil para los hombres que dirigieron este país, así como su caída y abandono por parte del sistema político al que sirvió.

Se trata del Tigre en diversos momentos de la historia nacional, principalmente cuando fue entrenado por Estados Unidos en tácticas antiguerrilla y trasladó sus conocimientos a casos específicos por los que fue reconocido por naciones como Inglaterra y España.

En estas páginas el lector encontrará las historias que surgieron prácticamente un año antes de su detención en febrero de 2004, durante los dos años que estuvo en prisión domiciliaria, tras su retorno a la libertad y a lo largo de cinco años más.

El Tigre de Miguel Nazar es un repaso del "hombre del sistema" que se fue develando entre tazas de café turco, siendo ya el yite (abuelo) que intentó convertirse en actor, maestro de baile y comerciante, pero cuya pasión terminó siendo la policía y los interrogatorios. Un recuento de momentos en los que aprendió de lealtad, ésa que, a decir de él, es de "los de abajo siempre con los de arriba".

Es la historia de Nazar Haro, el personaje que integró una colección de decenas de figuras de tigres de Bengala. Al momento de ser titular de la DFS, en sus oficinas de la colonia Tabacalera, siempre temidas, tuvo como mascota a Bengala, un ejemplar de esa especie que, por lo menos en una ocasión —narrada por él—, fue usado para que un detenido le "contara" al animal lo que el opositor al sistema se negaba a revelarles a los agentes de la DFS.

El 4 de febrero de 2003 nació la idea de este libro, cuando en el primer encuentro Nazar Haro dudaba que sus declaraciones pudieran ser publicadas en *La Jornada*, por considerarlo un periódico de izquierda y crítico del sistema.

Ese día me concedió 45 minutos. Le dije que si aportaba detalles importantes para entender algunos acontecimientos trascendentes para el país durante su gestión como titular de la DFS, el periódico estaría abierto a su testimonio, aunque ello seguramente generaría reacciones opuestas de quienes lo acusaban de secuestrar y torturar a opositores gubernamentales.

Agregué: "Si se publican sus declaraciones, me da una nueva entrevista, una profunda, sobre su vida. Quiero saber quién es Miguel Nazar Haro". Respondió que no confiaba en los periodistas y no creía que sus palabras fueran respetadas, y es que en esa fecha *El Universal* había publicado un texto en el que —consideró— se le caracterizaba como un "viejo desmemoriado y pendejo".

Finalmente, el 5 de febrero, *La Jornada* publicó "Los guerrilleros, aventureros que querían el poder".[1]

Meses después, a través de José Luis, su hijo, le pedí que cumpliera su palabra y me concediera la entrevista "de a deveras". De allí devinieron los encuentros, muchos de ellos nada sencillos por sus enfermedades y esquivas respuestas a preguntas directas sobre los señalamientos de integrantes de grupos revolucionarios que lo acusaban de haberlos torturado o de haber participado u ordenado la desaparición de alguno de sus familiares.

Sin embargo, poco a poco fue haciendo revelaciones: aportó detalles y, en algunos casos, información importante sobre sucesos que, a pesar de los años, no han sido esclarecidos o a los que les faltan elementos que expliquen sus desenlaces. Entre ellos, el 2 de octubre de 1968, la muerte de Lucio Cabañas, el deceso de Genaro Vázquez Rojas; y los secuestros y rescates de personajes como Fernando Gutiérrez Barrios, uno de los hombres más poderosos del régimen priista, y José Guadalupe Zuno, suegro de Luis Echeverría, plagiado cuando su yerno estaba en la cúspide del poder y la guerrilla crecía en el país.

---

[1] https://www.jornada.com.mx/2003/02/05/018n1pol.php?printver=1.

Se resistió muchas veces a develar secretos de los hombres que conoció en el poder; sin embargo, ofreció un panorama respecto de las órdenes y acciones emprendidas con la aprobación de las altas esferas gubernamentales, o de las que estuvo al tanto como parte de su labor de policía político.

Los hechos a los que se refirió abarcan inicialmente de 1960 a 1982. Miguel Nazar abrió algunos de sus archivos y vivencias al lado de figuras como Arturo *el Negro* Durazo Moreno, jefe de la policía capitalina, en una de las etapas más oscuras del gobierno de José López Portillo; y los generales Francisco Humberto Quirós Hermosillo y Arturo Acosta Chaparro Escápite, piezas importantes en la guerra sucia y en la desaparición de campesinos y miembros de los grupos guerrilleros que buscaban derrocar al régimen priista por la vía armada.

Asimismo, habló de otro periodo de la historia nacional: a pesar de que el Tigre era un personaje defenestrado públicamente, en 1994, desde la Presidencia de la República —dijo— le solicitaron que interrogara a Mario Aburto, el homicida de Luis Donaldo Colosio.

El Tigre de Miguel Nazar es la estampa de un policía temido: represor político para los familiares de las víctimas del sistema y reconocido para quienes fueron rescatados de sus plagiarios. El libro constituye retratos de varias épocas de la política nacional, de un hombre del viejo régimen que vio en los grupos guerrilleros —según él— un peligro real para el sistema.

Prólogo

En el proceloso laberinto nocturno de las redacciones, corren como la bruma dichos que terminan por imponerse a fuerza de repetición: que el periodismo es objetivo, que la pirámide invertida —la que dispara las preguntas esenciales de una nota— es inviolable, que no hay reportero sin suerte...

Esto último es siempre relativo y, como toda generalización, una mentira, porque, si el buen azar le toca a un incapaz, por más que se encuentre situado en el lugar exacto y en el momento preciso, el relato de los hechos estará, sin duda, marcado por los límites de su incompetencia. Forman catarata las anécdotas jocosas y algunas patéticas acerca de estas notas.

Como aquella del reportero que en los años cuarenta fue enviado a cubrir la botadura de un buque, que, ante la escasez de acero, se decidió construir de concreto. Al momento de deslizarlo al agua, el barco se fue a pique. Al no tener noticias del enviado, los de la redacción, desesperados porque estaban al borde del cierre, lo contactaron para saber qué había pasado y por qué no mandaba su nota sobre la botadura. Su respuesta se volvió leyenda: "No lo hice porque se hundió el barco".

Poco se dice, sin embargo, de aquéllos que porfían hasta la obsesión, que traban las mandíbulas reporteriles cuando perciben el aroma de una primicia o de una historia que puede presentarse en la superficie sin mayor atractivo, pero incita la voluntad de seguir la hebra hasta el final.

Paradigmática, por ejemplo, es la historia que cayó bajo el radar del legendario periodista Egon Erwin Kisch, quien a principios del siglo XX destacó por la brillantez y originalidad de sus crónicas y reportajes, entre ellos, uno de 1913 que cimbró al Imperio austrohúngaro y cambió la historia.

Todo empezó en razón de otra de sus pasiones, el futbol, pues Kisch dirigía al equipo Sturm, el cual estaba a un partido de ascender de división. No obstante, uno de sus jugadores estrella, de apellido Wagner, faltó al juego definitorio y perdieron el encuentro. Furioso, el entrenador lo increpó para averiguar el motivo de su ausencia. Se enteró de que su jugador, quien además era un hábil cerrajero, había sido obligado por la policía a forzar una cerradura, ya que los agentes estaban tras la pista de una filtración militar estratégica.

El reportero vertiginoso que era Kisch olfateó una historia importante. Superó los obstáculos que le pusieron enfrente por tratarse de un asunto de Estado y llegó a descubrir que el espía que trabajaba para Moscú, sobre el que indagaban los servicios secretos, era nada menos que el coronel Alfred Redl, jefe del Estado Mayor del VIII Cuerpo del ejército del emperador y director de inteligencia militar, quien había defeccionado al ser chantajeado por los rusos debido a su homosexualidad.

Oportunidad, suerte sin duda, intuición reporteril, olfato periodístico y, desde luego, persistencia y ambición profesional para perseguir la huella de lo que se percibe como una buena historia.

El origen de este libro de Gustavo Castillo García es también azaroso. Una orden de trabajo para cubrir una conferencia de prensa, algo rutinario en la labor periodística, hizo que saltara al archivo memorioso del reportero el nombre de Miguel Nazar. En la sesión de preguntas, el enviado de *La Jornada* lo interrogó sobre su papel en la llamada guerra sucia. Una sonrisa del aludido le hizo ver que la homonimia le había jugado una mala pasada, pues se trataba del hijo del personaje, quien entonces dirigía una empresa de seguridad privada.

Habría que decir que el policía, siempre astuto y escurridizo, especialista entrenado en contrainteligencia, rehuía las fotografías y, por supuesto, las entrevistas; siempre prefirió el segundo plano que le daba holgura para actuar en la sombra. Su rostro no era habitual en las planas de la prensa. Ése no era el caso de su compañero Arturo Durazo, a quien deslumbraban los reflectores: ensoberbecido por el poder que le daba su añeja camaradería con José López Portillo —quien incluso llegó a hacerlo general, saltándose todas las trancas—, llegó a soñar en convertirse en presidente de la República; tal era el tamaño de su desmesura y la amplitud de la impunidad de que gozaba.

Cualquier otro reportero, con menos empuje, habría bajado la cabeza ante el error, pero no Gustavo Castillo, quien, por el contrario, supo que había encontrado la punta de un ovillo y ya en corto le pidió al hijo de quien fuera director de la Dirección Federal de Seguridad (DFS) de 1978 a 1982 que le transmitiera la petición de entrevistarlo. Conocía su reticencia ante la prensa, por eso fue a la conferencia de prensa, para poder buscar cara a cara esa primicia. Otra sonrisa y la repetida frase de que no concedía entrevistas no arredraron al reportero.

Insistió, se comprometió a que las palabras de Nazar serían registradas sin distorsión (a diferencia de la única ocasión en que había aceptado hablar y sus dichos fueron cambiados al ser publicados), nunca cejó en el empeño, y así pasaron meses.

Quizá la curiosidad, seguro la indagación acerca de la seriedad del reportero o tal vez una pizca de vanidad en la salida de la vida le abrió las puertas a Gustavo para una larga entrevista que transcurrió, siempre con vicisitudes, entre 2003 y 2011, sin contar las escalas recurrentes para sumergirse en documentos resguardados en el Archivo General de la Nación (AGN), además de otras entrevistas a personajes cercanos, víctimas y testigos de indecibles atrocidades.

Apenas alcanzo a imaginar lo que debe ser estar frente a un monstruo, escuchar el sonido de palabras que carecen de conciencia, el relato siempre parcial en favor de un deber basado en la supuesta superioridad que da "defender a la patria", extirpar de raíz la "perversidad del comunismo", de los "antimexicanos", ante quienes no debía escatimarse ningún método para exterminarlos.

Formado en contrainteligencia y contrainsurgencia en Fort Bragg, Carolina del Norte, adiestrado en los más "refinados métodos de tortura", Nazar dice, una y otra vez, estar satisfecho con su labor patriótica, desencantado de un sistema que lo incubó para después convertirlo en chivo expiatorio.

"Qué chingados esperaban. Guerra es guerra, guerrilla es guerra, y en la guerra todo se vale", dice Nazar sin rubor en estas páginas al referirse a las desapariciones y ejecuciones extrajudiciales de la guerra de baja intensidad a la cual se ha tildado de "sucia". Como en espejo, Nazar también habla de uno de sus subordinados, quien disfrutaba con el sufrimiento que infligía a sus víctimas: "torturaba porque era un fanático del deber", justifica. O su cínica autocrítica al saber que muchos de los datos que le asestaba Gustavo provenían de documentos del AGN: "Qué pendejos fuimos, no debimos tener archivos. Debimos quemarlo todo".

Cómo no pensar en Hannah Arendt, la filósofa judía que de abril a junio de 1961 cubrió, como reportera de *The New Yorker*, el juicio de Adolf Eichmann, hallado por el Mossad en su escondite de Argentina, secuestrado y trasladado a Israel para ser juzgado como criminal de guerra. Sus reportes suscitaron encendidas polémicas y en 1963 publicó el libro *Eichmann en Jerusalén*, donde acuñó el concepto de la "banalidad del mal", que en apretada síntesis significa la capacidad de un sistema de poder político de volver trivial el exterminio de seres humanos, justificado a partir de procedimientos burocráticos ejecutados por oficiales incapaces de reflexionar acerca de las consecuencias éticas y morales de sus actos.

Yulián Semiónov, destacado periodista de investigación soviético, quien fue también escritor de exitosas novelas policiacas y de espionaje, presidente de la Asociación Internacional de Escritores Policiacos (AIEP) y perseguidor de los nazis que huyeron de Alemania después de la derrota, entrevistó en Madrid, en 1974, a uno de los oficiales favoritos de Hitler, Otto Skorzeny, general de las Waffen SS, encargado de operaciones especiales (como, por ejemplo, el rescate de Mussolini). Luego, como corresponsal de *Literatúrnaya Gazeta* en Alemania, entrevistó también a Albert Speer y a otro de los líderes de las SS, Karl Wolf, trabajos que luego reunió en *Cara a cara*, libro publicado en 1983.

En algún encuentro de la AIEP le pregunté a Semiónov cómo había sido entrevistar a estos criminales. Entrecerró los ojos como si echara marcha atrás y me dijo que había sido uno de los trabajos más difíciles de su carrera: "Eran los asesinos de mi pueblo", los invasores que no consideraban humanos a los rusos, que arrasaron con frialdad a cuanto anciano, mujer o niño encontraron en su camino. "Era ver frente a frente los ojos de la maldad, pero era mi trabajo y tenía la obligación de hacerlo profesionalmente", dijo.

Desde luego, no puede extrapolarse la matanza de millones de rusos o el genocidio nazi de los campos de exterminio, el Holocausto de millones de seres humanos, aunque, como lo explica Arendt, la masividad de las ejecuciones despersonalizaba el sufrimiento y el asesinato. En el caso de los represores profesionales de la "dictadura perfecta" mexicana, la personalización fue la norma: sabían a quién martirizaban, de qué familia provenía, a cuál de sus seres queridos había que torturar para obtener la información que buscaban.

La Brigada Blanca, formada por Nazar, tristemente célebre por su actuación en el movimiento estudiantil de 1968, sobre todo el 2 de octubre, arrasó también con poblados de la sierra de Guerrero para eliminar el apoyo a las guerrillas de Lucio Cabañas y Genaro Vázquez Rojas, y fue artífice de los "vuelos de la muerte", en los que se arrojaba al mar, desde aviones, a seres humanos vivos en costales con piedras.

Ése es el personaje que los lectores encontrarán en este libro de Gustavo Castillo. Algunos ya sabrán de quién se trata; para muchos será la primera vez que se acerquen a esa parte oscura de la realidad nacional. De ahí el mérito de este trabajo denodado de un periodista que no se dejó vencer por los obstáculos o la desidia. El fruto del tesón de un reportero de cepa que no dudó en ver a los ojos al mal para acercarnos al conocimiento de esa parte de nuestra historia que nunca más debe repetirse.

Bien lo escribió Hannah Arendt, es la banalidad del mal "ante la que las palabras y el pensamiento se sienten impotentes", pero ante la cual es posible levantar un muro de solidaridad, de fraternidad, de voluntad de memoria que la vuelva impensable.

Andrés Ruiz González
Periodista y escritor

1

La primera vez

El 4 de febrero de 2003, luego de que su secretaria me hiciera esperar más de media hora por indicaciones de su jefe (lo que me permitió observar decenas de figuras de tigres de Bengala distribuidas en la recepción de aquel penthouse en Insurgentes Sur 1883), Nazar Haro me recibió con un *rugido*: "¡Puta madre, ustedes los periodistas siempre quieren que uno les diga la verdad, y cuando uno confía y se las cuenta no publican nada de lo que uno mencionó!".

Era la primera vez que lograba una entrevista con él. Conocería al policía del que había escuchado muchas historias negras, especialmente testimonios de víctimas de tortura y de familiares de desaparecidos. Él tenía en ese entonces 79 años y yo 37.

El espacio de Nazar se componía de un escritorio, dos sillas, una bicicleta fija, un librero, muchas figurillas de tigres de Bengala y una pequeña mesa redonda, de madera, y sobre ella algunos documentos.

Al ingresar a su despacho estaba hecho una fiera. Caminaba de un lado a otro mientras concluía una llamada telefónica. En cuanto colgó, soltó el bramido. Tomó uno de los diarios que estaban en su escritorio y lo aventó sobre la mesa para decirme que no creía en los periodistas y que ya no estaba dispuesto a darme la entrevista. Su disgusto se encendió por un texto publicado en *El Universal* que —a decir de él— lo pintaba como un viejo desmemoriado.

El diario publicó ese día la primera de tres partes de una entrevista que había concedido en exclusiva y que —según él— se había extendido por horas a lo largo de varios días, en la cual había hablado de todos los temas sobre los que lo cuestionaron, confiando en que se publicarían. No le gustó lo que se difundió.

A Nazar le decían el Tigre. A sus 79 años seguía siendo un hombre fuerte, y le gustaba vestir de traje, corbata, reloj y lentes oscuros cuando salía a la calle. Medía alrededor de 1.63 de estatura, caminaba erguido; su rostro enrojecía y el tono de sus ojos azules se tornaba más oscuro cuando se enojaba.

Una vez que me recuperé de la sorpresa que me provocaron sus primeras expresiones, atiné a decirle que a mí no me conocía, que yo no había escrito aquello de lo que se quejaba, que únicamente le pedía una oportunidad para hacer mi trabajo.

—Pero usted es bastante joven y, además, ¡trabaja en *La Jornada*!

—No conoce mi trabajo.

—Pero es un periodista.

—Sí, lo soy, y por ello le pido una oportunidad.

—Usted está aquí porque mi hijo José Luis me lo pidió, pero yo ya no confío. Vea usted: un amigo, el dueño de este diario —y señaló *El Universal*—, me dijo que enviaría a un periodista de su confianza, que publicaría lo que yo le dijera, y vea: ¡me tratan de un pinche viejo desmemoriado!

Nazar era uno de mis objetivos profesionales por tratarse de un personaje que participó directamente en muchos acontecimientos que marcaron la historia del país. Un hombre del que había que obtener su historia, sus revelaciones en torno a un gobierno que reprimió las protestas sociales y políticas. Él fue uno de esos pilares del anticomunismo del siglo XX en México, y se movió en la cúspide del poder.

Lo que conocía de él lo había recopilado a través de las vivencias de integrantes de organizaciones civiles, de las anécdotas de luchadores sociales, de referencias bibliográficas y hemerográficas. Desde antes de la creación de la Fiscalía Especial para Movimientos Sociales y Políticos del Pasado (Femospp), en el 2002, me propuse cuestionar a Nazar o al expresidente Luis Echeverría.

Un día se presentó lo que consideré una oportunidad imperdible para obtener declaraciones sobre la guerra sucia y los señalamientos respecto a las atrocidades cometidas para mantener el sistema. Era la etapa final del gobierno de Ernesto Zedillo (1994-2000). En marzo del 2000 hubo un evento frente al Hotel Presidente en Polanco; mi orden de trabajo señalaba que algunos representantes de empresas de seguridad privada darían una conferencia de prensa, y entre ellos estaría Miguel Nazar.

Acudí y me senté frente al presídium. En los personalizadores se leía su nombre. Aparecieron los representantes de las empresas de seguridad privada. Una vez que concluyó la exposición en la que trataron los retos de las compañías del ramo, comenzó la ronda de preguntas y respuestas. Pasaron dos compañeros antes que yo, y cuando tocó mi turno, lancé preguntas relacionadas con la existencia de vuelos de la muerte en Guerrero y con las acusaciones contra la DFS y Miguel Nazar por tortura y desaparición.

Ahí estaba el hombre al que correspondía el nombre. Había visto varias imágenes de él en internet, y se parecía al que estaba sentado frente a mí.

Sonrió y respondió: "Usted se equivoca, sí, soy Miguel, Miguel Nassar,[1] pero a quien usted quiere preguntarle es a mi padre, no a mí." Soltó entonces una carcajada y sólo me quedó hundirme en el asiento.

Dos meses después acudí al Palacio de Justicia del Poder Judicial de la Federación, en San Lázaro, detrás de la Cámara de Diputados. Había revisado las listas de acuerdos de los juzgados de amparo como parte de mi asignación diaria. Regresé al módulo de registro a entregar mi gafete y a que me devolvieran mi credencial de *La Jornada*. En ese momento alcancé a escuchar que una empleada llamó al "licenciado Nassar, José Luis Nassar".

Me retiré de la fila de salida y retorné a un patio cercano a la caseta de registro. Lo abordé, me presenté, y lo primero que me dijo fue "¡Aaaah! Tú eres el reportero que confundió a mi hermano con mi papá". Al igual que su hermano Miguel, soltó una carcajada larga y sonora. Pero me atendió con amabilidad y me dijo: "Suele ocurrir, además son tan parecidos".

Comenzamos una charla que se extendió por más de una hora. En ese entonces él defendía a Raúl Salinas de Gortari y otros personajes políticos y financieros. Le conté mi interés en entrevistar a su padre. Sólo sonrió y me devolvió: "Tal vez

---

[1] En el caso de los hijos de Miguel Nazar, el apellido paterno se transformó y en lugar de escribirse con z, lo hacen con doble s.

algún día". Le pedí que por favor se lo comentara, que de algo valieran el equívoco y las carcajadas.

Pasaron alrededor dos años. Durante el gobierno de Vicente Fox se creó la Femospp, y Miguel Nazar Haro fue incluido como indiciado en varios casos. Creció mi interés por cuestionar a ese hombre que es referencia de muchas historias negras. Le insistí a José Luis, una y otra vez, hasta que un día me dijo que su papá había decidido recibirme, pero no le puso fecha.

Mientras tanto, miles de cajas con expedientes del Cisen fueron enviadas al Archivo General de la Nación (AGN) y pude revisar parte de aquellos registros oficiales de lo sucedido desde antes de 1960 y hasta 1985, época de la llamada "guerra sucia": la matanza del 2 de octubre de 1968, el "halconazo" del 10 de junio de 1971, los conflictos con grupos guerrilleros en Sinaloa, Oaxaca, Guerrero, Jalisco y muchos otros estados del país. Había copias de declaraciones de opositores gubernamentales, fotografías inéditas e informes de seguimiento y espionaje.

Yo continuaba insistiendo en un encuentro con Miguel Nazar. Finalmente, el 3 de febrero de 2003 José Luis me informó que su padre me recibiría al día siguiente. Preparé un cuestionario sobre la concepción que él tenía sobre los grupos guerrilleros, sobre lo que significó la DFS para el gobierno y sobre algunos de los puntos más polémicos de su trayectoria, incluyendo la génesis de la Brigada Blanca y el combate a la Liga Comunista 23 de Septiembre.

Creí que la aceptación de la entrevista me permitiría desarrollar mi trabajo informativo sin mayor obstáculo, aun previendo que se resistiría a contestar algunas preguntas. Pero lo que sucedió tras ingresar a su despacho me desconcertó.

Tuve que convencerlo una vez más para que me permitiera entrevistarlo y establecer que yo buscaba su versión de los hechos que impactaron al país. Sólo deseaba cumplir con la labor básica de todo periodista: informar y aplicar los conceptos básicos del género de la entrevista, presentar al público al personaje, indagar en su pasado, sus relaciones, sus secretos y su lectura de los momentos en los que le tocó participar e influir. Busqué profesionalmente hurgar en sus "huesos" y "sueños", con toda la intención de descubrir datos relevantes sin traicionar ni comprometerme a servirle de mero reproductor de sus aseveraciones.

Una y otra vez me topé con pared. Sus argumentos seguían siendo *La Jornada* y su afiliación de izquierda, mi edad y su desconfianza. Hasta que le hice notar que llevábamos más de media hora tratando cada uno sus peros, que ya habríamos terminado si hubiéramos iniciado la entrevista.

—Ya le dije, no confío. ¡En fin, ¿qué quiere saber?! Porque, de entrada, debo decirle que no soy ningún delator. Soy un policía. Un policía que se volvió famoso por sus investigaciones.

Su cara enrojecida fue regresando a su color natural. Sus ojos azules disminuyeron su intensidad y comenzó un diálogo que concluyó con una advertencia:

—Si cambia el sentido de lo que yo dije, no volveré a verlo y seguiré pensando lo mismo.

—Usted deme su versión de los temas que han estado en los cuestionarios de todos y sobre los que muchos han querido preguntarle. Quiero su versión de lo sucedido. Yo cumpliré mi trabajo —le contesté.

Decidió responder algunos, no todos los cuestionamientos que había considerado. Ambos aceptamos un reto: el mío, que respetara el sentido de sus afirmaciones y se publicaran en *La Jornada*; el de Nazar, darme una entrevista que me permitiera conocer al Tigre.

Pero había un reto más: convencer a mi jefa de información, Elena Gallegos Ramírez, de que se debían publicar las declaraciones de Nazar, que podrían ser importantes, toda vez que *El Universal* ya había sacado su entrevista, y a nosotros nos había dado información —desde su perspectiva— de la guerrilla mexicana, cómo creó la Brigada Blanca y otros asuntos que aquel texto no había dado a conocer.

Posteriormente me confesaría que no creyó que se fuera a dar otro encuentro porque estimaba que sus declaraciones no tendrían cabida en *La Jornada*.

Al día siguiente en *La Jornada* publicamos "Los guerrilleros, aventureros que querían el poder". Pero Nazar ya no respondió a mis peticiones de encuentro. Cada vez que le preguntaba a José Luis, él sólo respondía que su papá no le había dicho nada. Entonces le pedí que le dijera que creí en su palabra y yo había hecho mi trabajo.

Pasaron ocho meses. Las investigaciones de la Femospp contra Nazar seguían abiertas y fue citado a comparecer.

El 30 de octubre de 2003 el Tigre acudió a las instalaciones de la Femospp, que estaban en avenida Juárez, en el centro de la Ciudad de México. A su llegada lo esperaban miembros del Comité del 68, integrado por participantes del movimiento estudiantil de aquel año. El Tigre ingresó y salió de esas oficinas ministeriales entre gritos de "¡asesino, asesino!".

Desde el principio de las investigaciones, a Nazar lo acompañó su historia, su pasado: los señalamientos que en su contra han hecho exlíderes del movimiento estudiantil de 1968, participantes de la marcha que concluyó con la masacre del 10 de junio de 1971 y, sobre todo, familiares y exmiembros de grupos armados de los años setenta y ochenta que lo acusan de haber emprendido detenciones ilegales, cometido actos de tortura y ordenado desapariciones forzadas en contra de opositores al gobierno.

"Fanáticos", "terroristas", los llamó Miguel Nazar.

"Revolucionarios" e "idealistas" se denominaban los integrantes de las organizaciones que buscaron la transformación política y social del país. Éstos persiguieron una apertura que diera cauce a las inquietudes de miles de jóvenes, campesinos, estudiantes y obreros, quienes obtuvieron como respuesta gubernamental a sus demandas arbitrariedad, cerrazón, persecución, cárcel, desaparición y violación de sus garantías individuales.

Miguel Nazar Haro fue uno de los principales involucrados en la desarticulación de los grupos guerrilleros porque —como él mismo lo reconoció— creó la Brigada Especial o Brigada Blanca, como también se le recuerda. Una estructura policiaca y militar integrada por hombres de triste recuerdo en la memoria colectiva nacional: Salomón Tanús, Arturo Acosta Chaparro Escápite, Francisco Quirós Hermosillo, Florentino Ventura, Francisco Sahagún Vaca y muchos más.

La historia de Miguel Nazar se entreteje con la de los policías que se convirtieron en personajes trascendentes de la guerra sucia, como Fernando Gutiérrez Barrios, Arturo *el*

Negro Durazo Moreno, el capitán Luis de la Barreda Moreno y Jesús Miyazawa Álvarez.

La segunda vez que lo vi me recibió en su casa. En el comedor me preguntó:

—¿Qué es lo que quiere?, ya platiqué con usted.

—Conocer a Miguel Nazar, saber todo de usted y lo que hizo —repliqué.

—No soy ningún delator. ¿Sólo eso, sólo quiere saber quién soy?

—Sí.

Soltó un soliloquio de unos 10 minutos en los que mencionó cuándo y dónde nació. Cuántos hijos tuvo.

Reiteró:

—Sólo un policía que destacó por sus investigaciones y que se había vuelto famoso y por ello le achacaron lo sucedido en 1971 y 1968. Eso es todo.

—No, quiero saber más de usted y su trabajo. Traigo muchas preguntas, hay cosas que aparecen en los documentos que enviaron al AGN.

—Pues se acabó por hoy.

Así, con resistencias, comenzó una etapa que concluiría hasta diciembre de 2011.

Al principio, cada martes o miércoles yo acudía a su casa; después, a algún café para entrevistarlo mientras estuvo en libertad. Luego, las sesiones volvieron a su casa, debido a que fue detenido y permaneció más de dos años en prisión domiciliaria. Los encuentros se prolongaron una vez que fue exonerado de las acusaciones que le formuló la Femospp.

En muchas de nuestras reuniones repetía la advertencia de que no haría delaciones y que si le preguntaba por el Ejército haría lo mismo que con el libro que comenzó a dictarle a su amiga Elisa: lo detuvo en el momento en que ella le insistió. "Le dije que esos temas no le importaban a nadie".

Sin embargo, muchos de los personajes de la historia política de México estaban en la memoria de Nazar. De todos conservó secretos de los que, afirmaba, nunca hablaría, porque para él primero estaban la confidencialidad y la lealtad: "Primero muerto que ser un soplón".

Pero durante las entrevistas el Tigre fue revelando y confirmando detalles que sólo existían como versiones inacabadas de muchos mitos; entre ellos, la psicosis gubernamental de aquella época, las filias y fobias que surgieron en los entretelones del poder y el papel que tuvo el Campo Militar número 1 como centro de detención.

A decir de Miguel Nazar, muchas de sus investigaciones, aunque comenzaron con una aprehensión, dieron resultados al iniciar sus interrogatorios con un "cuéntame de tu niñez".

Nazar no fue sólo un agente que recibió reconocimientos internacionales; llegó a ser el jefe de la policía política del país y a ser señalado como informante de la Agencia Central de Inteligencia de Estados Unidos (CIA). Su mayor señalamiento negativo es que también era un *fanático* de su profesión, y esto no puede ser entendido sin el contexto de la Guerra Fría, del terror al comunismo y a la expansión de los ideales que proponía la Unión de Repúblicas Soviéticas Socialistas (URSS), punto de referencia para los gobiernos de naciones como Cuba, China y Corea del Norte.

Así, mientras el gobierno mexicano y la DFS pusieron en marcha esquemas de película —para espiar a funcionarios extranjeros y nacionales o políticos de alto rango que se consideraban una amenaza—, que incluyeron artistas y casas de citas, los miembros de los grupos guerrilleros buscaron apoyo de gobiernos comunistas para desarrollar su lucha por el poder.

A los opositores y guerrilleros, Nazar los consideró "traidores a su patria".

2

El niño Miguel

"Lo que haya ocurrido en la infancia marca a la gente, y en muchos casos allí nace el rencor social", dijo el Tigre al ser cuestionado acerca de su vida y aseguró que durante las entrevistas le apliqué la misma técnica que él usó para descubrir "la verdad": pedirle que contara su niñez mezclándola con lo sucedido en su vida adulta.

Sus ojos semejaban los de los tigres de Bengala albinos. Su mirada cambiaba con su estado de ánimo. Cuando se enojaba, su piel clara enrojecía y el tono de sus iris pasaba de un azul claro a uno intenso, parecían oscurecerse; cuando estaba tranquilo o su mente volaba a momentos de alegría, el azul era claro y brillante. Y luego, grisáceo y opaco cuando entristecía.

Sus ojos relucían las veces que, durante las entrevistas, su memoria lo transportaba a su niñez y juventud en Pánuco, Veracruz, donde nació el 26 de septiembre de 1924; cuando pensaba en su única novia o en el nacimiento de sus hijos.

Cuando nació, su padre, Pedro Nazar, de origen libanés, era el único extranjero en el pueblo y dueño de una tienda. "Por el santoral me correspondía llamarme Cipriano, pero mi padre ordenó que me pusieran Miguel, Pedro no porque no podía pronunciar la P".

Con una sonrisa maliciosa refirió: "Según la Biblia católica, Nazar significa flor preferida de Jehová. Ay de aquel que lo lastime. ¿Me querría pegar usted?".

Miguel Nazar consideraba a su padre como un hombre bondadoso, y a su madre, Isabel Haro, una "gallinita" que cuidaba de sus tres hijos.

"Mi padre fue hijo de un libanés que llegó y adoró a México. El país lo acogió y él le sirvió enseñándoles a sus hijos a amar la patria que tanto lo ayudó; donde sobrevivió a todas las situaciones adversas que se vivían entonces, pero también supo ayudar al pueblo a donde llegó.

"Mi padre se esforzó por educarnos como una familia normal. Nos formamos en las mejores escuelas de esa época. Recuerdo que un día, cuando estábamos comiendo, y yo iba como en tercero o cuarto de primaria, mi padre me dio la mejor de las enseñanzas.

"Él se colocaba en una de las cabeceras de la mesa, mi madre en el otro extremo, como se acostumbraba antes. Yo me sentaba del lado derecho de mi padre, era el mayor. Mi hermano a un costado mío y mi hermana enfrente de nosotros.

"No sabía qué problemas había entonces, pero mi padre me preguntó: 'Si hay una guerra entre Líbano y México, ¿por quién vas a pelear? ¿Qué le puedes decir a tu padre?'. 'Pues por Líbano, papá'.

"Me dijo entonces, con su español medio chueco: 'Pues qué traidor a la patria. Usted qué sabe de Líbano, usted nació aquí, aquí tiene el sol, ésta es su patria, y para que no se le olvide...'. Ordenó que me levantara de la mesa, bajamos las escaleras hasta la tienda y me amarró a una de las patas del mostrador para que entendiera y no olvidara la lección.

Así estuve durante horas y allí mi madre me llevó de comer y beber.

"Yo soy nacionalista, no soy ni de derecha ni de izquierda ni mamadas de ésas, yo soy mexicano, mexicanista. No hay mejor país en el mundo que éste, y no lo sabemos defender.

"Todo el mundo ambiciona este país porque tiene todas las materias primas, pero no sabemos, nos quejamos, nos sabemos amar a México. Mi amor por este país creció desde la escuela. Conforme íbamos estudiando la historia de nuestro país lo iba amando más y, hasta la fecha, aunque me maten y me pase lo que me pase, el amor a este país no me lo va a quitar nadie. Es mi patria y tengo derecho a ella. Entonces se veneraba México cada lunes, con los honores a la bandera, el corazón se hacía chiquito. Hoy eso ya no existe, no se enseña a amar al país".

—¿De su madre qué aprendió?

—La dulzura, la inocencia. Las madres de aquella época no sabían nada, se la pasaban en la cocina y dedicadas a dar amor a sus hijos. Eran como las gallinitas que cuidan a sus pollitos. Fue la madre que tuvimos todos los de mi generación.

"Mi padre me dio muchas enseñanzas. Un día [en tiempos de la expropiación petrolera, él estudiaba todavía la primaria, debió tener entre 11 y 12 años] la cosa estaba agitada y a la tienda llegó Jesús Valencia, un líder petrolero, y le dijo: 'Don Pedro, guárdeme esto'. Le llevó una bolsa con centenarios. Yo estaba allí.

"Don Pedro llamó al cura del pueblo, el padre Landa o algo así, y frente a él contaron los centenarios que iba a guardar. Así lo hizo. Le dijo a Jesús Valencia que los iba a poner en la caja fuerte. El líder petrolero contestó que no hacía falta.

"No se me olvida el nombre porque él llegaba a caballo a la tienda y lo paraba justo enfrente. De chamaco me gustaban los caballos. A don Jesús lo mataron quién sabe por qué. Creo que porque defendía la presencia de las empresas extranjeras.

"Días después fue a la tienda una señora a pedir fiada una ropa de luto a mi papá. Él le prestaba a mucha gente. Pero le respondió: 'No es necesario fiarle, don Jesús me dejó a guardar un dinero, y el capital le corresponde a usted y a otra mujer que yo conozco, y que tiene hijos'.

"Llamó a la otra mujer y, una vez juntas, consoló a ambas y les repartió el dinero".

Nazar heredó los ojos de su madre y el carácter de su padre, que, aseguró, no fue duro, pero al igual que él dominaba a sus hijos "con los ojos". El Tigre tendría ya 80 años y seguía refiriéndose a su padre en tercera persona: lo llamaba "don Pedro".

"A la edad de 12 o 13 años le pedí que me dejara ir a la ribera del río, donde había un baile. Me dijo: 'No, jovencito'. 'Deme mi domingo para ir al baile'. 'No hay dinero ahorita'. Abrí la caja y le robé un peso, dije: 'Voy a ir al baile'. En eso me descubrió y me castigó. 'El que roba un peso, robará más. Te voy a enseñar que no se roba; sin embargo, el peso que agarraste sin permiso te lo doy para que vayas al baile'".

Niñez es destino, decía el Tigre, a quien de chico le gustaba jugar futbol, pero no pudo contar ninguna anécdota concreta al lado de su padre cuando se le preguntó cuál había sido la experiencia más bonita con él: "Mire, mi padre era un hombre sumamente honesto, nunca nos pegó para corregirnos. De algo sí estoy seguro: si algo andaba mal, nada más con los ojos ya sabíamos que estaba enojado".

Nazar creció considerando que los hombres no se besan entre ellos, que los besos son para las mujeres. De las muestras de cariño como un abrazo o un "te quiero" de él hacia su padre o viceversa, dijo: "Yo era el consentido de mi mamá. Mi papá era de respetarlo, nos sentábamos a comer y todos teníamos un lugar asignado".

—¿Nunca lo abrazó, nunca le dijo que lo quería?

—¿Yo a él?

—O él a usted.

—Pues no me acuerdo. Lo respetaba mucho.

—¿Usted a qué jugaba con su papá?

—Yo jugué en mi juventud beisbol, futbol, basquetbol, todo en el internado.

—¿Cuál es la experiencia más bonita que vivió con su padre, la que mejor recuerde?

—Jugaba como todos los niños, con un perro.

En junio de 2005 pregunté:

—¿Tenía algún juguete favorito?

—Yo nunca jugué a bandidos y policías, ja, ja, ja, ja... si es lo que quiere saber. La psicología es muy importante en la investigación. Como le dije a un amigo: "Cuando tú vas, yo ya vengo".

Durante las entrevistas nunca tratamos los temas de manera lineal. Se pasaba de un caso a otro a partir de su estado de ánimo y de salud. Así fue como, en junio de 2007, cuando la prisión domiciliaria había concluido, retomé el tema de sus juegos en la infancia y mencionó: "Aaaah, por cierto, me acuerdo que jugaba con trenecitos, era maquinista. A los bomberos, deseaba ser bombero, y jugaba con una patrulla: quería ser policía".

De Pánuco, Veracruz, Miguel Nazar fue llevado a tierras potosinas. "Estuve en San Luis Potosí. Allí cursé la secundaria, interno en una escuela marista".

En San Luis Potosí acendró su fe católica y particularmente guadalupana. Una de las oraciones que más le gustaban —dijo— era el Credo. Éste reza: "Creo en un solo Dios, Padre Todopoderoso, Creador del cielo y de la tierra, de todo lo visible y lo invisible". Así también fue, en su momento, su creencia en el sistema político mexicano.

En febrero de 1970, cuando le tocó interrogar a Carlos Castañeda de la Fuente, un creyente católico que planeó asesinar a Gustavo Díaz Ordaz, hizo que rezara el Credo cuando comenzó a interrogarlo.

Luego de contar esta anécdota, dio otra muestra del entorno religioso en que vivió en su juventud al entonar algunas estrofas de la oración "Tú reinarás": "'Reine Jesús por siempre, / reine su corazón / en nuestra patria, / en nuestro suelo, / que es de María la nación'... Éramos maristas".

Los maristas son una congregación católica fundada en 1817 y reconocida por el Vaticano en 1863. Los primeros integrantes se establecieron en México en 1899.

Tras su paso por la secundaria, y antes de convertirse en el Tigre Nazar, fue enviado por su padre a la capital del país para estudiar la preparatoria y, también por decisión paterna, medicina. "Él quería que fuera como el único médico que había en el pueblo, el doctor Colorado, que fue el que me trajo al mundo".

Pero no viviría solo: estaría bajo la tutela de un amigo de Pedro Nazar.

"Me dijo: 'Alguien te debe ver'. Me llevó con uno de sus paisanos libaneses en la Ciudad de México y que también se dedicaba al comercio. Fuimos al negocio de su amigo, don José Daw. Él tenía varias tiendas. Era un libanés rico.

"Recuerdo que mi padre le comentó a su amigo: 'Mi hijo viene a estudiar la preparatoria y medicina, te lo encargo, sé mi representante en México'. Don José le dijo: 'Con mucho gusto'. Luego nos llevó a su casa, nos invitó a comer, y ahí conocí a María Antonieta Daw".

Nazar no concluyó la carrera de medicina. "Terminé solamente el primer año. No aguanté, es la verdad. No soporté ver gente en pedazos".

Trabajó con José Daw y durante su estancia se hizo novio de María Antonieta.

"Como a los cinco años de mi llegada a la capital, después de andar de novios, nos casamos en 1948 y mi suegro dio un gran banquete. Me abrió una tienda de juguetes y bonetería en las calles de Correo Mayor, en el centro de la Ciudad de México, para que yo la atendiera, pero no me apasionó ser comerciante.

"Mi padre me regañaba porque nunca entendí lo que era un negocio, a pesar de llevar en las venas sangre de comerciante. Al año le entregué la tienda a mi suegro. La había quebrado. Le dije a mi mujer: 'Prefiero buscar mi vida y no deberle nada a nadie'.

"Mi mujer aguantó todo lo que la hice sufrir hasta que encontré mi carrera. Para lo que había nacido. Me gustó la investigación y sufrió conmigo las penalidades de mi trabajo, el estado nervioso de no saber si tu compañero va o no a llegar".

Nazar había encontrado su pasión y buscó ser policía. Pero no uno más, sino agente federal. Así se convirtió en 1949 en "madrina" del servicio secreto. De esas andanzas surgió el rumor de que Miguel Nazar Haro había tenido que huir del país en 1952 porque supuestamente participó en un atentado en contra de Miguel Henríquez Guzmán, candidato a la presidencia de la República que competía con el candidato oficial Adolfo Ruiz Cortines.

El Tigre casi nacía: ya estaba relacionado con militares y comandantes gracias a las relaciones de su suegro y la familia de éste. Más adelante vendrían las vivencias en Estados Unidos, hasta que en 1960 ingresó a la DFS, como agente de guardia. Se empezaba cuidando puertas. "Le puse pasión a mi trabajo e hice carrera".

Pasaron cinco años y en 1965 fue designado para recibir entrenamiento, por primera vez, de las agencias estadounidenses.

"[En 1970] me escogió el director [Luis de la Barreda Moreno] para que yo operara como subdirector, porque consideraba que era un hombre analítico. Había estudiado bien, me recibí, luego de estar becado por la DFS para asistir en Washington a la Escuela Internacional de Policía. Eso fue lo que me abrió la mentalidad de lo que es un investigador de inteligencia, y lo que se debe saber de situaciones económicas, políticas y sociales, tan necesario en nuestro país, que está constituido por diferentes pueblos, y cada estado es diferente, pero cada uno tiene el mismo corazón para estar unidos, aunque ideológicamente son distintos. Cuando uno conoce a una persona y le pregunta de dónde es, responde: 'Soy de Veracruz' o Tabasco o Guerrero, en lugar de contestar: 'Soy mexicano'".

Su vida —dijo— la dividió en dos: la social y la policiaca.

"Nunca las ligué para nada, ¿por qué? Porque quería criar a mis hijos sin el afán de poder. Se criaron sin coches, sin placas, sin influencias. Todos son buenos hijos.

"Su mamá, Toni, como yo le decía, o Teta, como la llaman sus nietos, fue un gran apoyo, porque no era de las mujeres que quisieran solucionar las cosas sola, sino que todo lo consultaba conmigo: 'Tengo este problema, fulano quiere ir a una fiesta'. Le respondía: 'No lo dejes'. 'Lo permitiste, bueno, hasta las 10 de la noche, y llegando a la fiesta que se reporte'.

"[Mi máximo sueño era] ser un hombre responsable y guía de mis hijos, porque, aunque están casados y son profesionistas, todavía se reportan conmigo y les pregunto a dónde van, qué van a hacer, todavía no se atreven a mandarme a volar. ¡No hay mucho que rascar!

"Es difícil educar al hijo de un policía porque creen que el papá es todo. Mi trabajo nada tenía de divertido. Cada día llegaba a casa pasada la medianoche o bien entrada la madrugada, y al día siguiente tenía que volver a la oficina a las ocho. No vi crecer a mis hijos".

Cuando el Tigre rememoraba esos días de asueto y lo que hacía con sus hijos varones sonreía: "Se lanzaban sobre mí como si fueran luchadores, a ver si me quitaban la feria [monedas]".

Tenía trato diferenciado entre los varones y mujeres. Era conservador.

—¿Cómo castigaba usted a sus hijos?

—"Reprobaste esta materia, la vas a escribir 100 veces para que la aprendas". Nunca les pegué. "La palabra 'hoy' la escribiste sin 'h', la vas a escribir 500 veces con 'h' para que la aprendas".

"Cuando era agente, en mi casa nunca hice, como dicen ahora, pachangas. Mi vida social era diferente, a mis hijos los eduqué por teléfono y les metía castigos para que estudiaran bien. Que pedían permiso para ir a una discoteca, no se los daba. Les hice una discoteca aquí. Les ordenaba: 'Aquí tráete a tus amigos y bailan'. No los quiero ver en discotecas, por las drogas, por las malas amistades. Todo eso lo cuidé.

"Había una orden: las hijas no salen solas a ningún lado. Los hombres para ir algún lado, a un baile, a un festejo, me tienen que pedir autorización. Pedro era muy estudioso y jugaba futbol; Miguel también jugaba, siempre quiso ser policía como yo; a Pepe le encanta el futbol americano, jugaba y era muy bueno, pero una vez me lo torcieron y se acabó todo.

"Tengo cinco hijos, el menor [José Luis] es abogado; el mayor [Pedro] es ingeniero químico; el de en medio [Miguel] es administrador de empresas; tengo dos hijas [...] bien casadas, 13 nietos, tres bisnietos, 83 años ya, y cuál fue mi vida de juventud, no tuve.

—¿Usted abraza a sus hijos, les dice que los quiere, les da besos?

—Desde chiquitos les dije: "¡No, los hombres no se besan!".

—¿Y a sus hijas?

—Las hijas son las consentidas. A ellas más bien las aconsejaba como mujeres. A las mujeres hay que guiarlas más que a los hombres. Porque la mujer en esa época era más recatada, más obediente. ¡Ahora se casan y se divorcian!

—¿Les da de besos?

—¿A mis hijas? ¡Claro! Para mí mis hijas son como una flor, y a esas flores hay que cuidarlas. Los hombres son como los hongos. Son hombres. A los hombres les enseñé a ser hombres, luego los acostumbra... y nada de que van a besar a sus hijos. Porque para ser hombre hay que besar a las mujeres.

En junio de 2005, mientras platicaba de su familia y él estaba en prisión domiciliaria, llegó su nieta con sus hijos en brazos. Los bajó y ordenó que saludaran al yite (así lo llaman sus nietos). El viejo policía le pidió a uno de ellos, un varón de dos años de edad: "Dame un beso, hijito". Luego de la muestra de cariño, Nazar aseguró que en ocasiones lo "ausculta" como si fuera su médico, y al terminar le pedía que le pagara la "consulta".

—¿Quién de sus hijos se parece más a usted?

—Arlette, en todo, hasta en el carácter. Un día, cuando ella tenía como 15 años, se fue a la escuela en su carrito. ¡Y yo le ponía escolta!, un par de militares en motocicleta. Bueno, pues iba ella en su coche, entró al estacionamiento de la escuela, y cuando iba a estacionarse se le mete otro automóvil. El conductor todavía le gritó: "¡Órale, chamaca idiota!".

"¡No supo en la que se metió! Mi hija se bajó del coche y ¡pum! Que le pega y lo hace correr. La escolta ni siquiera tuvo tiempo de intervenir. Es brava, muy brava. A ésa le tengo más miedo que a su mamá.

"Tany es un dulce, igual que su mamá, el mismo carácter. Miguel tiene mamitis, todos los días pasa a preguntar: '¿Cómo está mi mamá?'. Pero él quería ser como yo, siempre deseó ser policía, pero no se lo permití. Ahora tiene una compañía de seguridad privada.

De sus cinco hijos —dijo— José Luis es el consentido. "Fue el más pequeño de todos. Es curioso, los perros son igual de inteligentes que los hombres, nada más que ellos no hablan. Cuando se tiene un cachorrito y se le grita al oído: 'Te llamas fulano', lo aprende y no se le olvida nunca. Cuando José Luis nació, le dije de recién nacido al oído: 'Tú vas a ser abogado, el mejor, ¡eh!'. Y como perrito, ja, ja, ja, ja, lo fue. Estudió en la Escuela Libre de Derecho".

En momentos de enfermedad, como en abril de 2004, agobiado por los dolores que le provocaban 13 cálculos renales ("mis diamantes", decía el Tigre), se mostraba melancólico y renegaba de ya no dictar las decisiones en toda su familia: "Acaba de nacer una bisnieta, [de parte] de mi hijo Pedro. Es preciosa la escuincla: apiñonada, de ojos verdes. Tiene 18 días de nacida. Le pusieron Emma. Su nombre me suena a monja o maestra de escuela". Sonrió, e inmediatamente frunció el ceño y soltó: "Mi nieta Karina está esperando, va a ser niña y se va a llamar Camila. ¡¿Cómo que Camila?! La vida nos ganó y ya nada nos pertenece, ni siquiera opinar".

Así contó la manera en que él solía definir el destino de sus hijos:

"Un día chocó Pedro, el mayor. Lo llevaron al ministerio público por daños. Yo ya era famoso en el pinche ambiente. Cuando el agente escuchó su apellido, le preguntó a mi hijo qué era del subdirector de la DFS.

"Él le respondió: 'Nada, mi padre es comerciante'. Pero el ministerio público dudó y me llamó. Preguntó entonces: 'Su hijo es fulano de tal', y le dije que sí. Me informó que había chocado y estaba en la delegación. Mi respuesta fue 'Que pague su culpa'. 'De ninguna manera', contestó. Pero le insistí en que pagara los daños. Yo saldé los desperfectos, pero no pedí favores".

En 1968 era un agente más de la DFS, pero su anticomunismo hizo que pretendiera consignar a su hijo Pedro al descubrir que elaboraba pancartas con leyendas de protesta por lo sucedido el 2 de octubre de 1968.

A Nazar le gustaba el baile, particularmente el tango, y también la literatura. "[El poema que más me gustaba era] ese que dice: 'Yo necesito decirte que te quiero, decirte que te adoro con todo el corazón, que es mucho lo que sufro, que es mucho lo que lloro y grito que te imploro, te imploro, y te hablo en nombre de mi única ilusión. Cuando pongo las sienes en la almohada y a otro mundo quiero aparecer, las sombras de mi madre se pierden en la nada, y tú, tú de nuevo vuelves a aparecer'. Por ahí va".

Se refería a la poesía de Manuel Acuña, a "Nocturno a Rosario".

—¿Hay otro que pudiera considerar su favorito?

—Hay varios.

—¿Cuáles?

—Mire, desde que estoy en prisión domiciliaria [noviembre de 2004], eso no... ja, ja, ja, ja...

—Alguno tendrá que ver con su juventud...

Luego de la risa, su rostro ensombreció, y comenzó a declamar una frase de *Don Juan Tenorio* de José Zorrilla:

—Llamé al cielo y no me respondió, llamé al cielo y no me oyó. Me acuerdo porque yo he llamado al cielo y no me oyen, es injusto.

Se levantó de la silla y, moviendo los brazos, afirmó: "Mi amigo, hay uno... Me hace pensar... Dice así...". Y volvió a declamar, esta vez un poema de José Martí: "Cultivo una rosa blanca en junio como enero para el amigo sincero que me da su mano franca. Y para el cruel que me arranca el corazón con que vivo, cardo ni ortiga cultivo; cultivo la rosa blanca".

Regresó a su asiento. Lacónico, soltó: "Sigo esperando al amigo".

Su semblante y ánimo se transformaron. El 20 de octubre de 2005 él seguía en prisión domiciliaria. Por un momento parecía que iba a llorar, pero no dejó escapar ni una lágrima. Se disculpó por cortar la charla. Se levantó nuevamente y pidió un momento. Finalmente regresó a la habitación que le construyeron sus hijos en el jardín de la casa, de cuatro por cuatro metros, hecha de cristal y mica, en la que pasaba horas contemplando el horizonte y las decenas de edificios que se alzan al otro lado de la barranca de la colonia Las Águilas, en la entonces delegación Álvaro Obregón.

La habitación fue construida ex profeso para que pasara tiempo leyendo u observando el paisaje durante los meses que permanecería en prisión domiciliaria. En ella leía periódicos, recibía a los amigos con los que ocasionalmente jugaba dominó y atendía otras visitas.

En una de las paredes de aquella estancia fue colocada la cabeza de un tigre de Bengala de tamaño natural. Él afirmaba que era sintética, aunque parecía una pieza disecada, real, de gesto tranquilo, pero cuya mirada, con sus ojos azules, transmitía el mensaje de ser una fiera en espera, al acecho.

Cuando Miguel Nazar recuperó el aplomo, luego de la breve interrupción, hablamos de quien fuera su primera y única novia, María Antonieta Daw, a quien consideró una "buena mujer". Agregó que "el paso de los años en el matrimonio es bueno" y que "el amor se vuelve costumbre: si no se llega a la costumbre, es un fracaso". Para 2005 ya había cumplido 50 años de casado.

Lo cuestioné respecto del asesinato de su yerno, Héctor Colín Nava, quien fungía como jefe del Departamento Jurídico de la DFS. Corrieron diversas versiones, entre ellas, que podía tratarse de una venganza en su contra, ya que el 17 de mayo de 1981, luego de haber sido atropellado cuando conducía una motocicleta, le dispararon ocho veces: "Lo mataron, pero ése, por arbitrario. No sé en qué relajos andaba metido. Sostuvo una relación sentimental con la hija de un coronel, le prometió casarse, pero lo hizo con mi hija. Lo mataron. Es el único con el que hubo problemas".

—¿Sus yernos alguna vez han golpeado o golpearon a sus hijas?

—¡Les rompo la madre! Es el castigo de la vida. Las niñas desde que nacen buscan al papá, y los niños a la mamá. Uno está sujeto al chiqueo de la hija porque le dan vida a todo. Te dicen "papi", se sientan en tus piernas y te acarician, son especiales. Pero luego crecen y llega un hijo de su madre que se las lleva. Nos las quita y luego las maltrata. ¿Qué sientes?

—Cuando le tocaba interrogar a una mujer, ¿qué pasaba?

—Igual: dónde nació, quiénes fueron sus padres, lo que usted está haciendo conmigo, ja, ja, ja, ja.

En noviembre de 2005 hubo varios encuentros. Seguía en prisión domiciliaria, y habló de la Navidad. Dijo que la época le generaba melancolía por su vida años atrás:

"No me explico el porqué de la situación que vivo. Jamás pensé que debido a mi labor como investigador, como gente afamada aquí y en el extranjero, tenía que entrar a una cárcel, a una celda. ¡Jamás lo imaginé! Y cómo termino, ¿así termina la vida? Pues sí, me inconformo. Si lo mereciera, lo aceptaría. Sí cometí errores, lo acepto, pero no debiera ser así.

"Tres cosas: de niño se vive ignorando todo. Se decepciona uno cuando espera la Navidad y no hay. De joven, si no logra sus deseos y no encuentra empleo, sufre, se siente fracasado. De grande, la edad nos gana. Son las tres caídas de Cristo con la cruz, de niño, de joven y de viejo. ¿Qué hay que aprender en la vida? A soportar las cruces".

—¿Quiénes eran sus amigos?

—¿Amigos? Yo no tenía amigos íntimos. Amigos, todos, ésa es una gran ventaja; íntimos, ninguno desde que aprendí que entre más conozco al hombre más quiero a mi perro.

—¿De qué se podría arrepentir a esta altura de su vida?

—Pues sí, me arrepiento, nunca imaginé que esto iba a ser mi mejor medalla [estar en prisión domiciliaria durante más de dos años y sujeto a varios procesos penales, acusado de privación ilegal de la libertad y desaparición forzada]. Mejor hubiera querido estudiar, terminar y vivir sin problemas. No vi mi juventud, no vi mi tiempo, no vi crecer a mis hijos, siempre dedicado a esa labor que me gustaba de corazón.

"Voy a cumplir dos años [en prisión domiciliaria] y no se mueve una hoja. Si veo a mi hijo, el que es abogado, agacho la cabeza. No puedo negar que estoy desesperado. Llevo dos años viendo cómo crece el número de casas que desde aquí se observan. Ya he contado varias veces cuántas hay.

—¿Mejor hubiera estudiado medicina?

—Pues no nací para eso, no nací para ver sangre. ¿Dónde acabé? No sé, todavía no me ubico.

—¿Cómo vivió su vida?

—La viví bien, por las herencias, tanto la mía como la de mi mujer. Pero el dinero no lo da todo. Debe existir una profesión, y me vine a dar cuenta que en la que escogí somos humillados social y económicamente. Con todo, la gente dice: "¿Quién es ése?". "De la policía". ¡Puta madre! A veces iba uno a banquetes donde todo el mundo le daba la espalda. Ése fue mi delito, ése es mi pecado; mejor hubiera sido un cabrón, un ratero, un mordelón, y no decente como soy, para ahora pagar unas chingaderas que no debo.

3

Nacimiento del Tigre

En 1951 Nazar probó las mieles de los sangre azul al lado de
Carlos Rodríguez, un comandante de la policía secreta. Allí conoció algunas claves de los agentes federales para identificar,
entre otros, a posibles ladrones y "artegios", como llamaban
los viejos delincuentes a cada una de sus "especialidades". Olfato que no perdió a pesar de los años.

En julio de 2009, desde una mesa de la cafetería La Selva,
en Insurgentes Sur, casi esquina con Francia y casi frente al
edificio donde había estado su oficina privada, vio pasar a
una mujer y, a unos metros de ella, a un hombre. Llamaron
su atención los movimientos que el sujeto hacía con la cabeza
y las manos. Tomó su taza de café y luego soltó: "Ése es ladrón, hay que observar lo que hace, seguro jalará la bolsa y se
echará a correr". Aunque llevaba un saco, estaba todo raído,
y llevaba tenis. No era indigente. Pero ya no supimos qué
ocurrió.

Una de las versiones de las causas por las que en 1952 Nazar se fue a Estados Unidos apunta al atentado contra el candidato presidencial Miguel Henríquez Guzmán. Otra, dada
por él, fue que las presiones de su familia y la necesidad de dinero lo llevaron a salir de México. Miguel Nazar regresó cinco
años después y comenzó un negocio de distribución de huevo,

y fracasó. Entre 1957 y 1959 consiguió diversos empleos, pero ninguno le gustó. Hasta que en 1960 ingresó a la DFS:

"Fue con intervención de mi cuñado. Él era dentista y tenía como paciente al general de división Salvador Rangel Medina. Él me dio una carta para el coronel [Manuel] Rangel Escamilla [director de la DFS], en la que decía: 'Tocayo, te recomiendo a fulano de tal, joven muy inteligente', bla, bla, bla, la chingada.

"Fui a la DFS y pedí hablar con el director. Una vez frente a él, me dijo: '¿Qué quiere?'. Le traigo esta carta porque deseo ingresar a la Federal de Seguridad.

"Luego de leerla me contestó: 'Joven, usted ha visto a los agentes, miden de 1.70 para arriba, ¿no se ha dado cuenta que está usted muy chaparro?' [Nazar Haro medía 1.63]. Le dije: 'No sabía que la estatura fuera impedimento. Con permiso'.

"En eso se levantó de su asiento y le señalé: 'Perdón, señor, pero usted también está chaparro'. 'Pero yo soy el director'. 'Deme la oportunidad, y yo algún día también seré director'".

Allí nació el Tigre.

Según los registros de la DFS, ingresó el 16 de febrero de 1960. Tenía 35 años de edad y su profesión era "estudiante". "Empecé como agente de guardia, cuidando puertas. Hasta que me empezaron a comisionar a algunos seguimientos, y todo mejoró cuando interrogué a un falsificador, Carlos Romero Cano, al que nadie había podido sacarle información. Así empezó mi fama de buen interrogador".

Las relaciones de su familia política y su vinculación con otros integrantes de la DFS le permitieron ascender a jefe de grupo luego de haber sido asignado como escolta de los padres del presidente Gustavo Díaz Ordaz. En 1965, con base en su entrenamiento en la Escuela Internacional de Policía, lo designaron jefe del Departamento C-047, el centro de inteligencia y análisis de la DFS, que de manera particular y ante el crecimiento de los grupos armados en el país empleó sus tácticas antiguerrilla y contra el comunismo para detectarlos.

En 1970, con la llegada de Luis Echeverría a la presidencia y con el apoyo de Luis de la Barreda Moreno, titular de la corporación policiaca, fue nombrado subdirector. Ocupó la dirección de la DFS de 1976 a 1982.

"Cuando me nombraron en ese cargo aún vivía Rangel Escamilla, y le mandé una credencial en la que se le nombraba director adjunto. A todos los que habían sido directores los nombré parte de mi equipo, les di algo que nunca habían recibido: reconocimiento".

En abril de 1974, cuando la Liga Comunista 23 de Septiembre se había convertido en una coordinación de grupos guerrilleros a nivel nacional, los revolucionarios crearon la Brigada Roja, conformada por los dirigentes del movimiento en el Estado de México, el entonces Distrito Federal, Hidalgo,

Tlaxcala y Puebla. El Tigre Nazar ya había crecido en la policía mexicana, y consideró que era necesario contar con una estructura que coordinara acciones policiaco-militares. Así surgió la Brigada Especial: "Los cabrones que la integraron decidieron que, si los guerrilleros habían llamado a la suya Brigada Roja, ésta era la Brigada Blanca".

Nazar escogió como insignia de la Brigada Especial una imagen en la que se fusionaron la cabeza de un tigre de Bengala y un cráneo. A esta organización especial se le asignaron espacios en la DFS, en el Campo Militar número 1, mayor capacitación, armas, vehículos y un avión, al que se le puso por nombre "El Tigre", el apodo de Nazar.

—¿Por qué le decían *el Tigre* y por qué lo utilizó como símbolo de la DFS?

—Si usted estudia al tigre de Bengala, se dará cuenta que no ataca por atacar: vigila, y si lo provoca, responde, y si tiene hambre, ataca. Esta especie de tigre no es criminal de por sí, es un animal noble. El tigre mientras tenga el estómago lleno no ataca. Por eso lo escogí como símbolo, porque el símbolo de una corporación hace la unidad, genera respeto, y era lo que necesitábamos para ser una hermandad.

—¿Por qué llamarlo a usted *el Tigre*?

—Me apasiona el tigre de Bengala. Lo admito. Ahí en la DFS tenía uno. Hay una foto del Bengala en mi despacho. Yo lo crie en la Federal. Asimismo, en la película [un documental que ordenó que se produjera, cuando fue director del organismo en 1976, respecto de lo que se hacía en la DFS] se muestra cómo debía ser el agente de la Federal: un tigre. A mí me llamaron *el Tigre* por tigre.

Tras su designación como director de la DFS en 1976, Nazar la convirtió en una institución con elementos con disciplina similar a la de un soldado, "fanáticos" anticomunistas.

En noviembre de 2005, cuando Nazar Haro se encontraba en prisión domiciliaria, sujeto a un proceso penal por ser presunto responsable de la desaparición forzada de integrantes de grupos guerrilleros, y ya había manifestado su decepción del sistema político para el que trabajó, le pregunté si tenía hambre, sed de venganza. "Nada quiero. Pido que me dejen morir en paz, que me olviden. Me han agarrado de bandera. Que me olviden. No quiero ser nadie más. Ya me tocó vivir una época difícil. Me tocó resolverla. Que me olviden".

—¿Cuáles son las tres cosas que lo hacen enojar?

—La injusticia, la ignorancia y los abusos. Soy enemigo, odio a los violadores, destrozan una vida sin importarles nada. Es injusto si usted no ha hecho nada y lo castigan.

Aseguró haber cumplido con la tarea que le encomendaron: "defender al país", y añadió: "La ignorancia me enoja, porque no se puede dialogar. Un ignorante sólo contesta 'sí'".

Recordó la fidelidad y disciplina de sus agentes, y narró, sin establecer la fecha exacta, un viaje que hizo a España.

"Todos los agentes de la DFS me fueron fieles. Entonces desfiló la Guardia Civil delante de mí con mucho respeto. Me preguntó el jefe de la policía: '¿Vio la disciplina... la obediencia?'. Le contesté que sí. Me cuestionó: '¿A ustedes los preparan así?'.

"Hacía mucho frío, el clima era tremendo. En la escuela de la Guardia Civil había una alberca, con el agua hecha hielo, y para demostrarle que obedecemos, le dije al ayudante: 'Tírese a la alberca', ¡y zas, se tiró! Salió congelado, pero demostramos lo que somos.

"Los mexicanos nunca tenemos que estar de rodillas ante nadie, ni sabemos estarlo, por eso el mundo nos respeta, no lo dicen, pero nos respetan".

Nazar era, según sus propias palabras, "un fanático del deber". Una muestra de ello fue lo sucedido el 3 de octubre de 1968:

"Cuando llegué a mi casa, cerca de las dos de la mañana, ya todo estaba apagado. Pero escuché voces. Era mi hijo Pedro, quien en ese entonces estudiaba en la Preparatoria número 4. Tenía una reunión con algunos de sus compañeros. Estaban planeando qué iban a hacer en la escuela al día siguiente ante lo sucedido en Tlatelolco. A los amigos de mi hijo los mandé a sus casas; a Pedro, a mi oficina en la Federal. Lo quería consignar por revoltoso, pero no me dejó el director [Luis de la Barreda]. Nomás para que vea lo duro que fui. Yo sí fui buen juez, comencé en mi casa".

—Pero era su hijo.

—Sí, pero la casa era mía. El campo era de sublevados, y yo un fanático de mi deber.

4

1968

"En los años sesenta, en México ya había semillas de rebeldía y grupos que empezaban a organizarse", me dijo Nazar.

La inconformidad social por la corrupción, la impunidad, el autoritarismo y la pobreza aumentó de manera exponencial, y las movilizaciones y demandas de obreros, campesinos y estudiantes orillaron a los movimientos sociales a retar al gobierno: en 1959 los ferrocarrileros; ese mismo año, Genaro Vázquez Rojas fundó la Asociación Cívica Nacional Revolucionaria (ACNR); en 1964 en la Ciudad de México surgió el movimiento médico, y en Chihuahua, el grupo guerrillero que en 1965 emprendería el asalto al cuartel de Madera, Chihuahua, con el profesor Arturo Gámiz al frente; en 1967 Lucio Cabañas Barrientos creó el Partido de los Pobres (PDLP) y la Brigada Campesina de Ajusticiamiento (BCA). Lucio Cabañas concluyó en 1963 sus estudios en la Escuela Normal de Ayotzinapa y se convirtió en líder del magisterio rural.

Al mismo tiempo que los movimientos sociales brotaban en todo el territorio, el gobierno desplegó acciones represivas que incluyeron operaciones militares, policiacas, y la creación de grupos de choque que encubrían sus actividades. Éstos eran contratados en en áreas de *limpieza* o vigilancia, como ocurrió, desde 1960, en el entonces Departamento del Distrito Federal

(DDF) y el Sistema de Transporte Colectivo (Metro), donde más de un centenar de hombres se integraron a grupos de golpeadores; en 1971 ya se sabía que allí operaba el "nido" de Los Halcones.

Desde las primeras manifestaciones el gobierno decidió encarcelar a los críticos y opositores: líderes estudiantiles, obreros y campesinos, como el académico universitario José Revueltas o el líder ferrocarrilero Demetrio Vallejo.

Durante los gobiernos de Adolfo López Mateos (1958-1964) y Gustavo Díaz Ordaz (1964-1970) aumentó la persecución, lo que provocó que los dirigentes campesinos y maestros rurales se sumaran a incipientes organizaciones armadas para cambiar la estructura gubernamental y buscar mejores condiciones sociales, como fue el caso de Genaro Vázquez y Lucio Cabañas.

Aunado a esto, desde 1956 la embajada de Estados Unidos en México estuvo encabezada por Fulton Freeman y el jefe de estación de la Agencia Central de Inteligencia de Estados Unidos (CIA), Winston Scott; ambos eran partidarios de las dictaduras militares.

Analistas y exagentes de la embajada estadounidense llegaron a considerar que la representación en México era la segunda en importancia en el mundo, después de la que operaba en la Unión Soviética, debido a la posición geoestratégica de nuestro país.

Por lo que parte del trabajo de la CIA consistió en la captura de altos funcionarios gubernamentales: convirtió en sus informantes a personajes como Adolfo López Mateos, Gustavo Díaz Ordaz, Fernando Gutiérrez Barrios y Luis Echeverría, de acuerdo con documentos desclasificados del gobierno de

Estados Unidos. Todos formaban parte de la llamada Operación Litempo, palabras clave que, junto a un número, identificaban a cada uno de estos personajes.

Así llegó 1968. En ese entonces, tanto la CIA como el área de inteligencia de la Unión Soviética, la KGB, tenían gran presencia en México. Existía el Partido Comunista Mexicano (PCM), que no compartía la búsqueda de un cambio gubernamental por la vía armada, sino a través del estudiantado que diseminó la semilla del comunismo en el país.

El espionaje e infiltración de los movimientos obreros, sociales y estudiantiles se incrementó tanto por las autoridades mexicanas como por las extranjeras.

En los actores gubernamentales creció el discurso anticomunista. Se vivía una soterrada disputa por la candidatura del PRI a la presidencia de la República entre el secretario de Gobernación, Luis Echeverría, y el jefe del DDF, Alfonso Corona del Rosal.

Los Juegos Olímpicos hicieron que México fuera foco de atención mundial, y, en medio de la organización de la justa internacional, entre mayo y junio de 1968, en París, Francia, surgieron protestas estudiantiles en contra del autoritarismo, el imperialismo y el gobierno.

La ola rebelde se extendió a México, donde las instituciones educativas infiltradas por pandilleros y provocadores con nexos políticos, seguido de una violenta represión policial, detonaron el movimiento estudiantil.

Los días 22 y 23 de julio de 1968 las consecuencias de un pleito callejero entre estudiantes se convirtieron en demandas democráticas, entre ellas, diálogo público, libertad para los presos políticos, desaparición del cuerpo de granaderos, destitución de jefes policiacos, derogación de los artículos 145 y 145 bis del Código Penal Federal (relacionados con el delito de disolución social) e indemnización a los familiares de muertos y heridos.

El 22 de julio, alumnos de las vocacionales 2 y 5 del Instituto Politécnico Nacional (IPN) apedrearon la preparatoria Isaac Ochoterena, incorporada a la Universidad Nacional Autónoma de México (UNAM). Reportes de la Secretaría de Gobernación de aquella época refieren que más de 30 vidrios de la fachada quedaron destrozados, al igual que varios vehículos.

Luego de apedrear la fachada de la preparatoria privada, los alumnos de las vocacionales regresaron a sus escuelas.

Hechos como éstos ya habían ocurrido meses antes, propiciados por el antagonismo entre estudiantes, y se habían desarrollado ante la pasividad de la policía, pero no habían tenido mayores consecuencias, refieren documentos del AGN.

De agosto a octubre el gobierno mexicano fue sacudido por las exigencias de los jóvenes universitarios.

En ese contexto, Miguel Nazar dio su versión de lo que vivió en 1968, particularmente, el 2 de octubre en la plaza de las Tres Culturas, y lo que ocurrió después en el círculo del poder político en México, incluyendo la posibilidad de que lo sucedido en Tlatelolco hubiera sido resultado de la disputa por la primera magistratura del país, así como de las diferencias entre el entonces secretario de Gobernación, Luis Echeverría, y el secretario de la Defensa Nacional, el general Marcelino García Barragán:

"La verdad, México era un país de habitantes dormidos, y era muy peligroso despertar a ese león, así lo dijo Jesús Reyes Heroles. Y el despertar de México fue en 1968.

"Me mandaron a la manifestación de Tlatelolco porque al paso de los días los discursos eran cada vez más violentos, y entonces fui para reportar los mensajes.

"La respuesta del 2 de octubre fue consecuencia de muchas manifestaciones sociales, y el gobierno estaba asustado. A los estudiantes se les sumaron sus familiares, obreros y hasta la criada de la casa, todos apoyando, ¡puta madre!, se hizo un globo y ya no lo pudo parar el gobierno".

—¿Eran los estudiantes un peligro real para el poder político en México?

—Para conocer un final, hay que ver su principio, cómo empezó eso: con un grupo de porros que provocó a los estudiantes de una preparatoria y que tuvo secuelas en una vocacional.

"Y luego, los estudiantes que *chotearon* a las mujeres de la preparatoria se fueron corriendo a la vocacional y armaron un relajo. Intervienen los granaderos para ponerlos en paz, ingresan a la escuela [reprimen a los alumnos] y eso se convirtió en la gran bandera de su lucha. Ahí empezó todo, ¿quién provocó eso?

"[Después, los estudiantes] pidieron la renuncia del jefe de la policía, y el gobierno dice que no se debe perder el principio de autoridad. ¿Cómo que pedían la renuncia por un pequeño incidente?

"Todo está escrito: las demandas estudiantiles fueron creciendo y saliéndose de control; la bandera [rojinegra que en agosto de 1968 los estudiantes] colocaron en el asta [en el Zócalo]; exigieron que el presidente fuera juzgado públicamente en el Zócalo; colocaron dibujos de un gorila con la cara de Díaz Ordaz, y todo se fue armando.

"Luego vinieron las manifestaciones del Museo de Antropología hasta el Zócalo, y los tanques, la policía y toda esa madre.

"El movimiento se volvió un peligro real cuando provocaron a los estudiantes para enfrentar al Ejército. Antes de eso no".

—¿Se perdió la dimensión del movimiento en los altos mandos gubernamentales?

—El presidente formó muchas comisiones para negociar, pero cuando trató de hacerlo de manera real ya era tarde. ¿Por qué no negoció desde el principio?

"Al inicio querían que corrieran al jefe de los granaderos, al jefe de la policía, pero ni una ni otra, y fueron subiendo sus demandas hasta pedir la renuncia del presidente.

"El 2 de octubre hubo provocadores que atacaron al Ejército. Los militares no tenían ninguna intención de asesinar, los provocaron. El Ejército únicamente iba a decirles: 'Muchachitos, deshagan esa manifestación'. Pero Sócrates Amado Campos Lemus les decía a los provocadores: 'Organicémonos para ir a combatir al Ejército en el Politécnico y en la Universidad, saquémoslos de ahí'.

"Cuando él decía eso, fue el momento en que el Ejército los empezó a rodear para evitar que hicieran lo que Sócrates proponía; también cuando un helicóptero echó una luz y se desató la balacera.

"Fue entonces cuando cae el general José Hernández Toledo, y se inicia la balacera, los soldados ya sin mando hicieron lo que pasó".

—Se habla de centenares de muertos.

—Yo no soy responsable, era un pinche agente. Aquel día en la Federal nos comenzaron a decir: 'A ver, los señores investigadores fulano, zutano y mengano...'. Un total de 20 van a cubrir el acto. Una vez en la plaza me encuentro con el periodista Juan Ibarrola. Le pregunté a dónde iba y me respondió que a cubrir la manifestación. Me le pegué a él porque tenía mayor experiencia para captar el fondo de los discursos y yo sabía que Juan me pasaría la nota.

"Estábamos a la mitad de la plaza cuando comenzó la balacera cruzada. Corrimos y en el camino nos encontramos a una señora embarazada, la agarramos y juntos nos ocultamos en un rincón fuera de la iglesia de Tlatelolco. Hubo un momento en que vimos que estaban disparando desde un departamento".

—A usted le tocó investigar...

—¡Yo era sólo un pinche agente! Ese día llegué a mi casa llorando. Mi mujer es testigo de ello.

—¿El Ejército llevaba la orden de disparar por parte de Luis Echeverría?

—No... No sé.

Nazar desvió la mirada.

—Lo que vi me dolió porque nunca había visto gente muerta. Vi cuerpos tirados. ¡Para qué repetir historias!

—¿Cuántos?

No hubo respuesta. De su garganta empezaron a surgir sonidos ininteligibles, guturales. Parecía que quería llorar. Pero ninguna lágrima salió de esos ojos azules.

—¿Vio usted la plaza llena de cadáveres?

—No. Y si me duele es porque también había soldados muertos y un general herido. ¿Por qué tenía que pasar eso en nuestro país? No lo sé.

—Sí lo sabe.

—Pues si lo supiera lo diría. Yo era un agente que ganaba 825 pesos al mes.

—Para esas fechas usted ya era alguien importante.

—Fui importante hasta que interrogué a Sócrates Campos Lemus; a Carlos Romero Cano, un falsificador de firmas del presidente que nadie podía sacarle información. Así me tomaron en cuenta. ¡Por mi madre que estoy diciendo la verdad!

"Para juzgar hay que conocer la historia, nadie puede juzgar si no conoce el fondo de las cosas. Este México estaba en paz con un Partido Comunista, un Partido Socialista, el PRI, y el PAN, ahí, mediocre".

—Usted interrogó a los detenidos en el Campo Militar número 1.

—Se investigó.

—¿A cuántos le tocó interrogar?

—A las cabezas. A Sócrates por lo de los bombazos y porque el 2 de octubre en la plaza fue quien propuso desalojar al Ejército del Politécnico y la UNAM.

—Usted conoció la prisión del Campo Militar, ¿cuántos detenidos vio allí después del 2 de octubre?

—Los tenían a unos en el cuartel, a otros a campo traviesa, acostados. Eso es lo que vi. Los mismos estudiantes le pueden decir dónde estuvieron. Entre ellos, Campos Lemus.

—¿Cómo era la prisión en el Campo Militar número 1?

—No lo sé. Yo los interrogaba en la oficina del secretario en turno. De eso no voy a hablar más porque no fue algo que me tocara conocer de cerca.

—Pero entró a ver, a interrogar a los detenidos.

—Yo entraba a la oficina del general secretario en turno, en el área del Estado Mayor. Cumplí mi deber como nadie.

—Ese 2 de octubre, cuando vio caer muertos a estudiantes y militares, amas de casa, niños…

—Yo era agente.

—¿A dónde fueron llevados todos los cuerpos?

—No sé. ¡Cómo voy a saber! Era agente, ¡un gato!

—Pero usted estaba muy bien informado.

—No, cada agente tenía una comisión. Estaba prohibido hablar entre agentes.

—Durante el movimiento estudiantil, ¿Áyax Segura participó ya como agente de la DFS?

—Él era miembro del Comité de Huelga y fue reclutado, por eso se tenía todo tipo de información del Comité de Huelga. Inclusive cuando la policía hizo detenciones en Tlatelolco, también lo detuvieron y fue a dar a la cárcel —rio.

—¿Interrogó a líderes estudiantiles de 1968 como Raúl Álvarez Garín y Tomás Cervantes Cabeza de Vaca?

—A Cabeza de Vaca, ja, ja, ja, lo agarramos escondido en un clóset, ya sabía dónde estaba. El día que lo detuvimos los agentes llegaron a su departamento, pero supuestamente no encontraron a nadie. Yo les señalé que buscaran allí, en el clóset. Cuando uno de mis muchachos abrió, salió una mano haciendo una seña: nos ofrecía dinero, ja, ja, ja.

—Cabeza de Vaca afirma que fue objeto de un simulacro de castración cuando estuvo detenido.

—No es cierto, eran cobardes. Para mí sería muy fácil decir también que cuando me detuvieron me quemaron, que me dieron toques, no es cierto. Todos aprendieron a hacerse las víctimas. Se quemaban con sus cigarros y decían que los torturaron. Todas esas personas no son tan valientes.

"Álvarez Garín huyó. Nunca estuvo en el momento de los problemas. Ahora agarran banderas. ¿Cuáles víctimas? No es cierto. Ni lo conocí. Se le conocía como miembro del Comité de Huelga, a Cabeza de Vaca también, pero él no habló.

"Hay otros, como ese jorobado, el del Partido Comunista [Gilberto Rincón Gallardo, dirigente del PCM y participante en la fundación del Movimiento de Liberación Nacional] que dijo que yo lo detuve, y ni lo conocí. También dijo o escribió Manuel Marcué Pardiñas [ingeniero agrónomo egresado de la Universidad Autónoma de Chapingo y dirigente estudiantil] que yo lo saqué de su casa y me lo llevé arrastrando por todo Insurgentes. No es cierto, nunca lo golpeé".

—¿Cómo detuvieron a José Revueltas en noviembre de 1968?

—¿Al escritor? En su departamento.

—Existen testimonios en el sentido de que lo hicieron firmar una declaración que nunca hizo.

—Se le aprehendió en su departamento cuando estaba bañándose. Se le dio una toalla y ropa. Se le ordenó vestirse. Era un tipo que dijo que no iba a hablar. Pero conocíamos su debilidad: una botella de coñac. Luego de cinco o seis copas se soltó hablando de todo. No me acuerdo a dónde se le consignó. Eran varios hermanos, una de sus hermanas era actriz, creo. Para mí, ese asunto no tuvo mayor problema.

En 1968 uno de los principales dirigentes del movimiento estudiantil, desde la parte docente, fue el ingeniero civil Heberto Castillo Martínez, egresado de la Escuela Nacional de Ingeniería de la UNAM, quien se convirtió en catedrático de la misma institución.

Castillo Martínez fue uno de los hombres con mayor vigilancia gubernamental desde los años cincuenta debido a su activismo político en organizaciones políticas de tendencia comunista. También fue uno de sus objetivos, al convertirse en propulsor del Movimiento de Liberación Nacional (MLN), importante cuadro del Partido Comunista, y en 1968 formó parte de la dirección de la Coalición de Profesores de Enseñanza Media y Superior Pro Libertades Democráticas, en la que también participaba José Revueltas, autor de la novela *Los muros de agua*.

Sobre la captura de Heberto Castillo existe la versión del propio líder opositor y de sus familiares que señala que ésta se llevó a cabo en mayo de 1969 en la casa número 10 de la calle de Reforma, en pleno centro de Coyoacán. Asimismo, que durante el tiempo que pasó huyendo de las autoridades, de 1968 a 1969, se ocultó en ese domicilio.

La versión de Miguel Nazar difiere:

—No recuerdo la fecha exacta [mayo 1969], pero sí, yo lo apresé. Fui a tomar un café a la zona de Coyoacán. En ese entonces se buscaba a Heberto Castillo por todo México. Él había estado escondido en la casa del general Lázaro Cárdenas.

"Yo estaba en un café en una zona donde había un gimnasio para la juventud católica. Él llegó a ese café. Se me hizo raro que a ese lugar acudiera un hippie, porque iba vestido de hippie, y allí sólo iban jóvenes católicos. Reconocí a Heberto Castillo por su caminar y le grité: '¡Heberto!'.

"Que voltea. Me levanté de donde estaba y fui hasta él. 'No soy Heberto'. 'Cómo no, Heberto, ni tus ojos ni tu andar los puedes cambiar'.

"En el andar hay que fijarse siempre, así te grabas a una persona. Cada quien camina diferente, ésa es una pista. Los ojos de la gente tampoco se olvidan.

"Lo detuve en el café. Una vez que lo tuve en mis manos me reporté a la oficina, y todavía me preguntaron si no estaba equivocado: '¿Estás seguro?'. '¡Seguro!', respondí. Luego fue llevado a las instalaciones de la Dirección Federal de Seguridad".

—¿Cómo iban cercando a los que creían que eran enemigos del sistema?

—Ése es secreto profesional, ja, ja, ja. Estaba el seguimiento personal, el espionaje telefónico. Si se escribiera en un informe de investigación de cómo damos con los criminales, vería que a veces es fácil.

—¿Adolfo Gilly qué le recuerda?

—Que estaba con unos argentinos, él es argentino. Él estaba planeando la caída de Ignacio Chávez como rector de la UNAM, y pretendían sabotear las Olimpiadas de México 68, porque a China no le permitieron competir, y ése era el plan que traían. Se les agarró con todos los documentos, con todos sus planes.

—¿Por eso se habló de una conjura internacional?

—Yo no sé si era una conjura internacional. Era un grupo guerrillero manejado por un chino en Guatemala, el que hizo ese proyecto y mandó ejecutarlo. El plan contemplaba agitar primero a la Universidad, para poder sabotear las olimpiadas, y vea hasta dónde llevaron a todo mundo.

—¿Hubo presiones de Estados Unidos?

—No se metieron.

—¿De veras no presionaron para que se terminara con la inconformidad estudiantil?

—No que yo sepa.

—Luego de lo sucedido el 2 de octubre, ¿qué pasó?

—El general Marcelino García Barragán no quiso dar el golpe [de Estado]. Mandó a la chingada al embajador [Fulton Freeman].

"Con lo del movimiento estudiantil se alarmaron [en Washington]: pensaron que se iba a hacer una revolución, y el embajador de Estados Unidos entró a ver a don Marcelino y le dijo: 'Dé un golpe de Estado y tome la presidencia para calmar la situación'. El general le contestó: 'Yo no voy a pasar a la historia como traidor a la patria'.

"Don Marcelino no podía ver a Echeverría, pero este señor [Echeverría] planeó lo del Ejército [la represión], y ya cuando están los soldados [en las calles, el 2 de octubre], Echeverría se arrepiente y regresa y le dice a Marcelino que ya no, a lo que le contesta: 'Mira, Luisito el Loco', porque así le decían en la secundaria, 'yo no estoy jugando a los soldaditos'. Dijo que no quería pasar a la historia como un traidor del sistema.

—¿La matanza fue consecuencia de una lucha por el poder?

—Nunca Marcelino pudo ver a Echeverría, ¡nunca! Y ahí ajustaron cuentas. Pero Echeverría es nombrado candidato [a la presidencia], Marcelino desaparece y Corona del Rosal perdió toda posibilidad de suceder a Gustavo Díaz Ordaz.

5

Áyax y Sócrates

Para 2007, Miguel Nazar ya había dejado atrás su detención, ocurrida en febrero de 2004; su encarcelamiento de un mes en el penal de Topo Chico, en Monterrey, Nuevo León; así como las crisis emocionales que vivió durante su prisión domiciliaria, en la cual permaneció hasta el 30 de septiembre de 2006, cuando fue absuelto de los cargos que se le habían imputado, como la desaparición de al menos ocho integrantes de la guerrilla. Uno de ellos era Jesús Piedra Ibarra, hijo de Rosario Ibarra de Piedra, dirigente del Comité Eureka, el cual se fundó en 1977 con el nombre de Comité Pro Defensa de Presos, Perseguidos, Desaparecidos y Exiliados Políticos de México.

Las entrevistas a partir de entonces se volvieran más profundas, aunque siempre tuvo una actitud recelosa. Algunos de nuestros encuentros se llevaron a cabo en sitios como el café La Selva en avenida de los Insurgentes, casi frente a donde se encontraba el edificio en el que durante años tuvo su oficina particular, o en algún restaurante. Siempre nos vimos los martes o miércoles entre las 12 y las 15 horas.

Tras la desaparición del café La Selva, en la esquina de Francia e Insurgentes, se abrió una sucursal del café La Parroquia, y también se convirtió en uno de sus favoritos. Allí, en agosto de 2008, mientras la entrevista ocurría en una mesa cercana a la terraza, y desde la cual se podía observar quién ingresaba al restaurante, llegó Félix Hernández Gamundi, uno de los que formaron parte de la dirección del Consejo Nacional de Huelga (CNH) en 1968.

Miguel Nazar estaba sentado de tal manera que su mirada daba de costado hacia la esquina de Insurgentes y Francia. Hernández Gamundi escogió la mesa más cercana a la puerta de vidrio que daba acceso al restaurante y se sentó mirando hacia el interior del restaurante. Ambos almorzaron huevos y tomaron café. Permanecieron en sus lugares por más de una hora. Hernández Gamundi leyó un diario. El Tigre platicaba de Sócrates Amado Campos Lemus.

Ese día, estaba con nosotros la periodista Aurora Vega, y ambos nos mirábamos sorprendidos y angustiados de que pudiera ocurrir una confrontación en el lugar. Miguel Nazar fue el primero en levantarse para ir al sanitario. Instantes después lo hizo Hernández Gamundi y se dirigió a la caja a pagar su cuenta. Ninguno supo del otro. Cuando el dirigente estudiantil del movimiento de 1968 se encaminaba hacia la salida, apareció Nazar en el pasillo.

Ese día, el Tigre narró su versión de los dos considerados traidores al movimiento estudiantil:

"Sócrates Campos Lemus era un muchacho humilde, su mamá padecía una enfermedad que la limitaba, pero él era muy inteligente. Formó un grupito terrorista, y para ello viajó a Estados Unidos y reclutó a un desertor de la Armada, experto en bombas, lo trajo a México y estuvieron estudiando la forma de colocar explosivos en una torre de transmisiones para sabotear el informe presidencial en 1968. Era la mano derecha de Campos Lemus".

ESTE ES Sócrates- Amado Campos Lemus, uno de los principales dirigentes del movimiento estudiantil, quien hizo anoche revelaciones de nombres de políticos inmiscuidos en el conflicto. (Foto de Adolfo Vigil).

En Peligro de Muerte

Todo Protestante Puede Recibir la Comunión Eucarística Católica

CIUDAD DEL VATICANO, Oct. 5 (AFP).—En peligro de muerte, perseguido o encarcelado, un protestante puede re-

El 2 de octubre de 1968 Campos Lemus fue detenido junto con algunos de sus compañeros líderes del CNH en el tercer piso del edificio Chihuahua del conjunto habitacional Tlatelolco.

Tres días después de su aprehensión apareció —custodiado por militares, policías y agentes del ministerio público federal— frente a decenas de reporteros y fotógrafos, y contó su versión de lo que era el movimiento estudiantil, sus objetivos y los nombres de políticos, docentes y funcionarios que supuestamente instigaron y financiaron las actividades que desembocaron en la masacre de Tlatelolco.

En su edición del domingo 6 de octubre de 1968, *El Heraldo de México* publicó, con base en los señalamientos de Campos Lemus, que la intención del movimiento estudiantil era "derrocar al gobierno"; "la idea era llegar a la formación de un Estado de obreros y campesinos, de tipo comunista" y "se contaba con un plan nacional para transformar la estructura política del país con la consiguiente abolición de sus actuales instituciones".

Sócrates era entonces un estudiante de quinto año en la Escuela Superior de Economía del Instituto Politécnico Nacional (IPN), y uno de los representantes de esa entidad educativa ante el CNH.

El diario capitalino difundió, según lo dicho por Campos Lemus, que entre los instigadores del movimiento estaban Carlos A. Madrazo, gobernador de Tabasco de 1959 a 1964 y luego dirigente del PRI de 1964 a 1965; Braulio Maldonado, primer gobernador de Baja California de 1953 a 1959 y quien impulsó las acciones de integrantes de la Confederación Nacional Campesina (CNC) y la Central Campesina Independiente (CCI) en esa entidad; Elí de Gortari, destacado filósofo marxista, docente de la UNAM y rector de la Universidad Michoacana de San Nicolás de Hidalgo de 1961 a 1963; Heberto Castillo, profesor de la UNAM y del IPN, así como dirigente del Movimiento de Liberación Nacional y fundador de diversos partidos de izquierda; la escritora Elena Garro; y el dirigente de la Confederación de Jóvenes Mexicanos, Ángel Veraza.

"Campos Lemus declaró en el Campo Militar Número 1, donde estaba confinado, y luego ratificó su dicho ante medio

centenar de reporteros y fotógrafos; estaban presentes el subprocurador David Franco Rodríguez y varios jefes militares".

En sus declaraciones, el representante del CNH señaló que
la dirigencia estudiantil había organizado cinco grupos llamados "columnas de seguridad" y que a varios se les dotó
de armas de fuego con la intención de disolver el mitin y
abrir fuego en contra de militares y policías la tarde del 2 de
octubre.

Sobre Campos Lemus, Miguel Nazar Haro agregó: "Él fue
quien organizó el mitin del 2 de octubre, él leyó el discurso
central".

De ello, en su declaración ante el ministerio público, Sócrates Amado Campos Lemus dijo que él iba armado, pero
que nunca accionó su arma, y que al arribo de los militares a
la plaza tomó el micrófono y llamó a los asistentes a que guar-
daran la calma.

El Tigre Nazar refirió:

"[A Campos Lemus] el marino que trajo a México le enseñó a hacer bombas. Entonces en la calle de Jalapa tenía una
casa en la que se reunían jóvenes dizque a estudiar, pero a cada
rato entraban y salían, volteaban a ver a todos lados, y a un
vecino que nada tenía que ver se le hizo sospechosa su actitud
y llamó a Jacobo [Zabludovsky]. Jacobo llamó a la jefatura de
policía y [Arturo *el Negro*] Durazo los detuvo. Pensamos: 'Ya
metimos la pata porque son estudiantes'.

"Durante la investigación, yo vi que en donde vivían había
un pizarrón con el dibujo de una torre eléctrica. Pregunté: '¿Qué
estudian?'. 'Estudiamos ingeniería eléctrica'. '¿Porqué hay un
cordón en la torre?', respondí. Les pedí entonces: 'A ver, prés-
tenme su credencial de estudiantes'.

”Durante la revisión encontramos libros de izquierda, y les dije: 'No, ustedes no son estudiantes'. Y ahí declararon quiénes eran y me dijeron dónde estaba hospedado el gringo y lo agarramos con un rifle M-1. Querían hacer bombas para volar la torre de comunicaciones para suspender el informe del presidente el 1 de septiembre [de 1968]”.

—¿Sócrates era fácil para interrogar?

—A él lo llevaron al Campo Militar. Como [el ataque] fue contra los militares, se lo llevaron ellos.

—Pero ¿usted interrogó a Campos Lemus?

—Sí, yo fui al Campo Militar y lo interrogué. Él [Sócrates] me pidió que lo ayudara y se convirtió en informante. Después se metió de periodista.

—Incluso Sócrates le envió una carta a Echeverría pidiéndole que lo dejara salir, ¿cierto?

—Pero ahí lo recluté y se le ayudó a salir de la cárcel.

—¿Desde la prisión Sócrates le pasaba información?

—Sí. Por eso se le dejó salir. Se le ayudó.

AYAX SEGURA GARRIDO señala el armamento encontrado por el ejército en la Unidad Nonoalco Tlatelolco. Garrido identificó varias de las armas.

Respecto de Áyax Segura Garrido, quien también estuvo detenido en el Campo Militar número 1, fue aprehendido el 3 de octubre de 1968, y tres días después rindió su declaración ministerial de acuerdo con los documentos publicados en el rotativo *El Día*.

En 1968 Segura Garrido vivía en el edificio C-10 de Tlatelolco. Era "profesor y estudiante de la Escuela Normal Oral". También era docente en la vocacional número 7, impartía la materia Taller de la Construcción.

A principios de agosto de 1968 fue elegido como representante de la Escuela Normal Oral, y por ello se puso en contacto con los integrantes del CNH, quienes le asignaron como nombre clave "Quechahueca".

En su declaración ministerial dijo que en el CNH se formaron dos líneas de pensamiento: una de ellas, los "radicales", pero él formaba parte de los "moderados". Supuestamente, los primeros trataron de "encauzar" el movimiento estudiantil "como principio para transformar las instituciones políticas del país, con el derrocamiento del actual sistema de gobierno para inclusive llegar a un gobierno de tipo comunista".

Durante su comparecencia ante el ministerio público, según la información aparecida en el rotativo *El Día*, refirió que Amado Sócrates Campos Lemus y Guillermo Guardado fueron quienes les entregaron armas a los integrantes de las columnas de seguridad para que fueran usadas en caso de un enfrentamiento con la policía o el Ejército el 2 de octubre.

Respecto de Áyax Segura, Miguel Nazar dijo: "Un magnífico ejemplo [de infiltración]. Se supo incrustar hasta llegar a altos niveles del movimiento estudiantil. Muy bueno. A él lo conocí como agente y desde que se infiltró nos dio la dirección de [Tomás Cervantes] Cabeza de Vaca".

—¿Cuántos como él tuvo cuando la guerrilla?

—Como él, unos 20 más o menos. Áyax Segura era miembro del CNH y fue reclutado, por eso se tenía todo tipo de información del movimiento estudiantil. Inclusive, para seguir obteniendo información, la policía lo detuvo a él también y fue a dar a la cárcel. ¡Ja, ja, ja, ja!

Segura Garrido no sólo era un agente de la DFS, sino que se convirtió en capacitador de agentes. En 1981 Miguel Nazar Haro ordenó que se filmara un documental sobre las condiciones de ingreso, capacitación, adiestramiento, actividades y equipamiento de la Federal de Seguridad.

En el filme aparece Áyax Segura Garrido dando un discurso ante un grupo de aspirantes a agentes de la DFS a los que les señala que su trabajo debían desarrollarlo de "la manera más eficiente y con mayor oportunidad para triunfar". "La Dirección Federal de Seguridad, México y en lo personal ustedes recibirán de inmediato los beneficios directos en la medida en que ustedes tengan la capacidad suficiente para soportar todas las pruebas, tengan el valor suficiente para sobreponerse a todas las fatigas y desesperanzas y logren salvar su curso, que les dará la oportunidad de ser agentes de la Dirección Federal de Seguridad".

—¿Qué fue de Áyax?

—Desapareció.

a Dirección Federal de Seguridad en tiempos de Nazar Haro

6

El peso del poder

Dos acontecimientos marcaron la vida de Carlos Castañeda de la Fuente, un hombre que deseaba ser religioso católico: la matanza del 2 de octubre y una serie de conversaciones con el sacerdote Manuel Vázquez Montero, designado en 1965 asistente eclesiástico de los Organismos Centrales de Acción Católica o Apostolado de los Laicos con residencia en la Ciudad de México.

El 5 de febrero de 1970 selló su destino. El sexenio de Gustavo Díaz Ordaz estaba a casi 10 meses de concluir y decidió emprender un atentado y cumplir el reto que en noviembre de 1968 el sacerdote le había señalado: "Pues, si tienes tanto valor, a ver, mata al presidente".

De acuerdo con documentos que se encuentran en el AGN, Castañeda de la Fuente tenía 27 años en ese entonces, y estudiaba en la secundaria número 18 que se localiza en la calle Córdoba, en la colonia Roma Norte. Uno de los requisitos que debía cumplir para ingresar al seminario y convertirse en sacerdote era su certificado de estudios.

Era obrero. Su domicilio estaba en la colonia San Rafael, y el 2 de octubre, de camino de su trabajo a casa, caminó por la avenida Ricardo Flores Magón, y así vivió las consecuencias del despliegue militar, el tiroteo y la despavorida huida de centenares de personas que habían asistido al mitin convocado por el Consejo Nacional de Huelga en la plaza de las Tres Culturas.

Sus testimonios rendidos ante el ministerio público, la DFS y el Juzgado Segundo de lo Pupilar de la Ciudad de México refieren que por la masacre ocurrida en Tlatelolco "sentía rencor hacia el gobierno".

Documentos resguardados en el AGN dan cuenta de la historia de Castañeda de la Fuente, quien, durante más de un año, planeó asesinar al presidente Gustavo Díaz Ordaz, y la manera en que se vio influenciado por el sacerdote Manuel Vázquez Montero.

Del religioso existe información en el libro *Una aventura con éxito. El centro de estudios Cristóbal Colón en sus bodas de diamante (1944-2004)*, escrito por José Fidel Unanua Pagola.

En el texto se menciona que Vázquez Montero estableció su propio "credo" cuando fue director del Colegio Cristóbal Colón de 1953 a 1962. Se precisa que nunca ejerció como párroco; siempre colaboró con el obispo de Xalapa, Pío López, dentro de la diócesis, y como docente.

Pagola señala que el "credo" lo puso Vázquez Montero "como ejemplo operativo de su escuela en contextos nacionales nada propicios para la religión".

Algunos de los puntos que integraban el "credo" eran que "en el hombre innatamente se albergan buenas y malas tendencias, que por lo tanto es necesario estimular unas y reprimir otras"; "creemos que el orden y maravillosa jerarquía del universo exige una causa eficiente y final"; "creemos que esa causa es de índole absoluta y trascendente"; "creemos que

el hombre es libre, dueño de su futuro y susceptible de perfec-
cionamiento".[1]

Vázquez Montero fue trasladado a la Ciudad de México
y adscrito a la Asociación Católica de la Juventud Mexicana,
fundada "el 12 de agosto de 1913 por el sacerdote jesuita Ber-
nardo Bergöend, con el fin de restaurar el orden social cristia-
no y organizar a los jóvenes católicos del país", señala la cuenta
de este grupo en Facebook.

El clérigo nació en Perote, Veracruz, el 28 de diciembre de
1920. "Su despertar vocacional hacia el sacerdocio se inicia en
él al escuchar las predicaciones del Sr. obispo Mons. Rafael
Guízar y Valencia (fue beatificado en 1995 por Juan Pablo II,
y canonizado en 2006 por Benedicto XVI)".

Las vidas de Vázquez Montero y Castañeda de la Fuente se cruzaron la primera semana de noviembre de 1968. Un
compañero de Castañeda al que le decían *el Vicario* lo llevó a
la librería de la Asociación Católica de la Juventud Mexicana,
que se localizaba en Serapio Rendón 43, y allí le obsequió un
libro llamado *Héctor*, una novela histórica, de las primeras
publicaciones sobre la guerra cristera de 1926-1929. El autor, Jorge Gram, justificó en su obra que la sociedad católica
debió haberse armado y enfrentado al gobierno de Plutarco
Elías Calles.

Ese mismo día el Vicario "le presentó al padre Manuel
Vázquez Montero con quien tuvo una amplia conversación en
el sentido de que el de la voz [Castañeda] le relató que por

[1] Unnua Pagola, José Fidel. *Una aventura con éxito. El Centro de Estudios
Cristóbal Colón en sus bodas de diamante (1944-2004)*, Universidad Cristóbal
Colón, Veracruz, 2004, p. 73.

culpa del gobierno se encontraba en mala situación económica y le externó su rencor por lo sucedido en Tlatelolco" y que ello "influyó profundamente en su vida", según estableció un estudio psiquiátrico practicado a Castañeda el 18 de julio de 1985.

De ese libro, Castañeda de la Fuente obtuvo tres de las ideas por las que durante 23 años se le tachó de enfermo mental: "detrás de cada movimiento hay un hombre dispuesto a dar la vida para influir en él"; "sacerdotes que no estén dispuestos a defender a la Iglesia con las armas están derrumbando sacrílegamente el orden impuesto por Dios" y "gastados todos los medios, se usan las armas".

Durante su encuentro con el sacerdote Manuel Vázquez Montero, Castañeda le preguntó "qué podría hacer en contra de ese gobierno", y el sacerdote le respondió que "podría hacer uso de las armas siempre y cuando considerara justo lo que se hiciera en bien de la comunidad, pero que para eso se necesitaría tener valor, a lo que el declarante le manifestó que él era un hombre decidido y que tenía el valor suficiente para realizar cualquier acto. 'Pues, si tienes tanto valor, a ver, mata al presidente'".

"El declarante tomó esta frase como un reto a su valor, por lo que empezó a germinar en él la idea de cometer el atentado", señala la declaración rendida por Castañeda de la Fuente el 5 de junio de 1970 al personal del Juzgado Segundo de lo Pupilar de la Ciudad de México.

En total, Castañeda y Vázquez Montero se entrevistaron 16 ocasiones y "siempre pensó que una vez que realizara el atentado se lo comunicaría al sacerdote o esto se lo haría saber por el periódico, dejando constancia ante el mencionado padre de su valor".

Sin precisar la fecha, en 1968 Vázquez Montero fue trasladado, como capellán del Asilo Mier y Pesado, a la ciudad de Orizaba, Veracruz, por decisión del monseñor Emilio Abascal, quien fue designado segundo arzobispo de la arquidiócesis de Jalapa por Paulo VI.

Durante 1969 Castañeda de la Fuente ahorró para comprar una pistola.

El 4 de febrero de 1970, llegó a su casa alrededor de las 10 de la noche y se levantó al día siguiente como a las ocho de la mañana. Después de desayunar salió a comprar el periódico.

En la edición de *El Universal* encontró una nota con el horario de los diferentes actos a desarrollar por el presidente ese día, con sus respectivos itinerarios.

Metió en una pequeña maleta de plástico la pistola Luger que había adquirido por 900 pesos. Después de rasurarse, como a las 10 de la mañana, salió del departamento que ocupaba en la calle Velázquez de León número 80, en la colonia San Rafael, a depositar la carta en la que le informaba al padre Vázquez Montero que atentaría contra Díaz Ordaz.

La misiva la dejó en el buzón que se encontraba en las calles de Covarrubias, entre Velázquez de León y Manuel María Contreras.

Luego, caminando, se dirigió al Hemiciclo a Juárez, donde se llevaría a cabo el primer acto del presidente. Llegó 15 minutos antes de las 11 de la mañana. Tuvo miedo y decidió esperar a que el mandatario se dirigiera caminando al Monumento a la Revolución.

Pero, como lo hizo en automóvil, pensó en cometer el atentado cuando Díaz Ordaz estuviera en la tribuna. Su declaración ministerial señala:

Al no poder aproximarse al estrado, caminó sobre la calle Gómez Farías hasta Insurgentes, pues en la primera calle se encontraban estacionados los vehículos de la comitiva, y ahí se mezcló con un grupo de vendedoras ambulantes, de las *marías,* llevando la pistola dentro de una maleta pequeña, de plástico, y esperó hasta ver que se aproximaba un automóvil de color negro en el que al principio pensó que iba el presidente.

Al darse cuenta de que sólo viajaban puros militares, a través de la misma petaca hizo un disparo contra ese automóvil, con la premeditada intención de privar de la vida a alguno de sus ocupantes.

El único tiro que salió de su pistola Luger se incrustó en la carrocería del vehículo en el que viajaba el general Marcelino García Barragán, a la sazón secretario de la Defensa Nacional.

De inmediato fue detenido por elementos del Servicio Secreto y Guardias Presidenciales. Documentos que se resguardan en el AGN relatan que horas después del ataque fue entregado al titular de la DFS, el capitán Luis de la Barreda Moreno, y éste, a su vez, lo puso en manos de Miguel Nazar Haro, quien le amarró los testículos con hilo de cáñamo, de un jalón lo arrodilló y lo obligó a rezar.

"Así comenzó un verdadero infierno para Castañeda de la Fuente. Un joven tranquilo, católico, que pensó: 'Detrás de cada movimiento hay un hombre dispuesto a dar la vida para influir en el movimiento' y también que 'gastados todos los medios, se usan las armas'".

Todo el poder del gobierno de Díaz Ordaz se volcó contra Castañeda de la Fuente y su familia. En 12 horas, la DFS, entonces dirigida por el capitán Luis de la Barreda, y cuyo encargado de investigación era el entonces comandante Miguel Nazar Haro, detuvo a todos los familiares de Castañeda e interrogó a sus amigos y compañeros de trabajo. El único que ya no estaba en la capital era el sacerdote.

Castañeda pasó cuatro meses detenido e incomunicado. Estuvo en las instalaciones de la DFS, en el Campo Militar número 1 y en la estación migratoria de Iztapalapa.

Sobre este caso, Miguel Nazar Haro dijo: "Yo lo interrogué. Es el cabrón al que se le apareció la Virgen y le dijo que matara a Díaz Ordaz. ¡Era un fanático, estaba loco!".

—En las declaraciones que existen en el AGN y luego en el documental *El paciente interno* [2012, dirigido por Alejandro Solar Luna], Castañeda afirma que usted le puso un cordón en los testículos, jaló la cuerda y le ordenó que rezara el credo…

—¡Nooo, ¿yo qué le voy andar agarrando los güevos?! ¡Se necesitaría ser puto!

—¿Qué le dijo en los interrogatorios?

—Que se le apareció la Virgen, que le ordenó matar a Díaz Ordaz y él se fue a dispararle. ¡Estaba loco el cabrón! Se le llevó al manicomio. Pero cuando eso ocurrió, Castañeda estaba muy serio y ¡los loqueros detuvieron al agente que lo trasladó, que porque se movía mucho! —ahondó.

Pero los meses detenido en instalaciones de la DFS y el Campo Militar número 1, al igual que el mes de aislamiento en el psiquiátrico, no alteraron su pensamiento religioso. A distintas horas del día se hincaba con una Biblia en las manos, se persignaba y oraba el rosario.

Mientras Castañeda permaneció incomunicado en las instalaciones de la DFS y la milicia, en el Hospital Psiquiátrico Samuel Ramírez Moreno, situado en el kilómetro 5.5 de la autopista México-Puebla, por órdenes de la Secretaría de Salud, se construyó ex profeso un búnker antiatentados. Se le denominó "Pabellón Seis". Él y sólo él estuvo ahí cuatro años, incomunicado, alejado de todo y de todos. Solo con su Biblia y una pelota de frontón.

Castañeda era el "paciente" más resguardado en el psiquiátrico luego de que, a través de un juicio sumario, lo declararon enfermo mental, y representantes de la Secretaría de Gobernación impidieron su egreso.

La brutalidad gubernamental quedó exhibida en documentos ahora resguardados en el AGN: además de permanecer en una habitación de dos por dos metros, sin contacto con nadie, alrededor de la construcción se colocaron dos cercos de vigilancia. Castañeda de la Fuente fue sometido a experimentos médicos y para ello emplearon sustancias en etapa de investigación: todos los neurolépticos, ataráxicos y antipsicóticos conocidos; e inclusive formó parte del "lote de pacientes donde se realizó el estudio clínico farmacológico de investigación".

Los pocos exámenes que pueden consultarse (la mayor parte de su expediente médico, jurídico y hasta del juicio sumario desapareció) indican que era una persona que padecía "una enfermedad mental". "Se trata de un débil mental con un estado paranoico cuyo núcleo patológico relevante es un delirio idealista reformador, situación que corresponde de modo evidente a un proceso de anormalidad psíquica [...] presenta un índice de peligrosidad social y por tanto requiere de internamiento en un lugar especializado", explica el dictamen emitido por el doctor Gilbon Maitret, jefe del Servicio Médico Forense, el 5 de junio de 1970.

El 7 de marzo de ese mismo año, a Castañeda de la Fuente le fue aplicado su primer examen psiquiátrico, y el doctor José Pérez Ares, jefe de la Oficina Médico Criminológica de la entonces Procuraduría General de la República (PGR), sin embargo, determinó: "en la actualidad no presenta una patología psiquiátrica evidente", y desechó "una psicosis paranoide".

El "paciente" que pretendió asesinar a Gustavo Díaz Ordaz debió obtener su libertad en 1978. Así lo estableció el 15 de octubre de ese año José Antonio Talayero Uriarte, director del Hospital Psiquiátrico Samuel Ramírez Moreno. Éste informó al Juzgado Segundo de lo Pupilar:

… adaptativamente puede decirse que [Castañeda de la Fuente] se ajusta a las circunstancias del lugar; sin embargo, no deja de mostrar cierta angustia pensando en su futuro, pues siente que proseguir o permanecer con esta medida reclusoria le impediría algo productivo, como trabajar.

La conclusión de su estado mental es positiva, ya que no manifiesta síntomas agudos, persistiendo residualmente algunas manifestaciones, pero no son de importancia; clínicamente es coherente y congruente, no deforma la realidad, la maneja aceptablemente, siendo su delirio místico en forma atenuada, que no irrumpe en su realidad objetiva. Está ansioso por salir, como producto de los juicios valorativos de su futuro, lo cual parece lógico en su reacción. Conserva sus funciones mentales aceptablemente […] siendo nuestro criterio médico el que puede ser dado de alta.

Sin embargo, lo mantuvieron 15 años más en el psiquiátrico. Recuperó su libertad gracias al trabajo de la entonces pasante en derecho Norma Ibáñez, quien hizo su servicio social en la Comisión Nacional de Derechos Humanos (CNDH) y detectó que Castañeda se encontraba recluido en contra de todas sus garantías.

Carlos Castañeda de la Fuente retornó a su casa sólo unos días. Decidió convertirse en indigente.

La extinta Femospp abrió una averiguación previa, pues era el primer caso demostrado en que una víctima de la represión gubernamental vivida entre 1968 y 1982 había sido enviada a un psiquiátrico, y consideraban que era la punta de una madeja que podría abrir vertientes de investigación para conocer el paradero de otros opositores políticos desaparecidos durante la guerra sucia.

Así vivió Carlos Castañeda hasta 2013, deambulando, rezando, pidiendo limosna en iglesias y calles de la Ciudad de México. Ese año su familia fue notificada de su fallecimiento.

Manuel Vázquez Montero falleció el 15 de febrero de 2004, a los 83 años: "Vivía en su casa, cuidado por la fiel empleada Jaqueline Hernández; el Sr. obispo de la diócesis de Orizaba, Hipólito Reyes Larios lo visitaba con frecuencia y cuidaba que no le faltara nada", señaló José Fidel Unanua Pagola en *Una aventura con éxito*.

7

De jóvenes inquietos a riesgo para la seguridad nacional

Miguel Nazar creía en el "sistema". También, que la sociedad tenía una ideología "mexicanista", creyente de la Virgen de Guadalupe, y que muchos de los actores políticos eran como los rábanos: "rojos por fuera y blancos por dentro".

"Antes éramos fanáticos del país. ¡Yo era un fanático! Para mí México era el mejor país del mundo. En la escuela me metieron eso desde niño, nos enseñaron a ser fanáticos de nuestro país".

El Tigre se formó en el anticomunismo, defendió sus ideas y las aplicó hasta en su casa: días después del 2 de octubre de 1968 pretendió que su hijo Pedro fuera puesto a disposición del ministerio público y consignado ante un juez por elaborar pancartas de protesta en contra del gobierno por lo sucedido en la plaza de las Tres Culturas.

"En esas fechas se vivía la Guerra Fría. Estados Unidos y la URSS se querían repartir el mundo después de la Segunda Guerra Mundial, y cada quien metió sus intereses en el país. Querían comerse el pastel mexicano y se lo impedimos a ambos bandos".

"Ellos [los guerrilleros] eran fanáticos, y para combatirlos había que ser fanáticos de nuestro deber.

"Una noche conviví con amigos. Bebimos algunos tragos. Subí al coche y me enfilé hacia casa. Tomé por la avenida de los Insurgentes, iba en sentido contrario. Mientras avanzaba, vi que las luminarias eran rojillas, ¡rojillas! Saqué la pistola y disparé contra las lámparas". (Durante mucho tiempo en la Ciudad de México las luminarias emitían una coloración ámbar).

Hablar con él de los secretos de los políticos con los que convivió y desarrolló su carrera policiaca resultó difícil en muchos momentos. En ocasiones se mostraba taciturno; otras evitó las respuestas directas y fingió estar distraído o con poca capacidad auditiva al momento en que lo cuestionaba: entonces pedía que le repitiera la pregunta o se daba tiempo para contestar.

Le gustaba hablar de la resolución de secuestros, de sus investigaciones, de cuando se disfrazaba para encontrarse con informantes o presuntos opositores al régimen, de cómo, a pesar de haber infiltrado todos los grupos guerrilleros que tuvieron presencia en el país desde 1965 hasta 1980, llegó a considerarlos "un verdadero peligro para México, porque eran fanáticos".

En los años setenta, cuando hizo una investigación relacionada con un contrabando de armas, sus pesquisas lo llevaron hasta Tapachula, Chiapas. Siguió las incipientes pistas que —a decir de él— le dio un "amigo que era vendedor foráneo". Puso *campana* (como se dice al seguimiento que los policías dan a un objetivo) durante toda la ruta que recorrían dos camiones de carga que supuestamente eran usados para transportar productos agrícolas y que en realidad servían para trasladar, desde la Ciudad de México, armas y cartuchos para los grupos revolucionarios que actuaban en naciones centroamericanas, particularmente Guatemala.

"En esas actividades que promovían la instauración del comunismo estaban involucrados miembros de la Iglesia católica.

¡Obviamente el obispo Samuel Ruiz! [Uno de los impulsores de la teología de la liberación y quien había sido designado obispo de la diócesis de San Cristóbal de las Casas, Chiapas, en 1959].

"Una ocasión, y en seguimiento a esas investigaciones, asalté la casa del obispo. Allí se guardaba propaganda subversiva, armas y cartuchos que se pasaban a los grupos en Guatemala y que también sirvieron a las organizaciones que se instalaron en esa región montañosa.

"Desde entonces se vigiló al obispo Samuel Ruiz, pero los gobiernos no quisieron problemas graves con la Iglesia; aunque éste tenía sus diferencias con la cúpula clerical, y solamente se cortó temporalmente el trasiego de pertrechos.

"Años después se sabría que el obispo fue parte importante para el establecimiento de grupos en las regiones indígenas y hasta el surgimiento público del Ejército Zapatista de Liberación Nacional (EZLN)".

Un tema que le hacía brillar la mirada y extenderse en sus recuerdos fue el surgimiento y desarrollo de la guerrilla en el país, y las tareas que desempeñó para detectar a quienes —como se decía en aquella época— habían remontado a la sierra o tomado las armas.

Durante las entrevistas Nazar Haro centró sus respuestas en dos de los principales grupos de tendencia comunista que surgieron en México: el Movimiento de Acción Revolucionaria (MAR) y la Liga Comunista 23 de Septiembre.

Así también, aunque más escueto, se refirió al Movimiento Universitario de Renovadora Orientación (MURO), organización anticomunista financiada por empresarios creada en 1962 y cuya sede principal fue Guadalajara, Jalisco.

En esa ciudad se creó también el grupo de choque conocido como Los Tecos, que operaba con financiamiento de grupos de ultraderecha desde la Universidad Autónoma de Guadalajara (UAG).

Además, narró algunas de las operaciones que emprendió luego de la aparición de dos bandos en la Universidad de Guadalajara (UdeG), uno de los cuales derivaría en la conformación del Frente Estudiantil Revolucionario (FER), que después se sumaría a la Liga Comunista 23 de Septiembre.

La conformación de grupos guerrilleros se incrementó desde 1965 tras el ataque al cuartel de Madera, en Chihuahua. A finales de 1968 se fundó el MAR, el cual consiguió apoyo extranjero para capacitar a sus integrantes.

Sus bases surgieron de dos instituciones de nivel superior: la Universidad Michoacana de San Nicolás de Hidalgo (Nicolaíta), en Morelia, y la Universidad de Chihuahua. Un factor importante para ello fue que, desde 1966, un grupo de mexicanos estudiaban en la Universidad Patricio Lumumba, en la Unión Soviética.

Ésta es la versión ofrecida por Miguel Nazar:

"Estudié al comunismo. Había que prepararse, disciplinarse. ¡Su combate no era a ciegas! En ese entonces el comunismo no creía en Dios, y menos en la Virgen de Guadalupe, y los mexicanos somos guadalupanos.

"En el gobierno, y yo como investigador, vimos que desde el Partido Comunista se formaba y patrocinaba a los jóvenes en una cultura que no era la suya, y cuando Estados Unidos y la URSS quisieron repartirse al mundo los vimos como una amenaza.

"A la par de los acontecimientos en la plaza de las Tres Culturas, los países enfocaron sus ojos hacia México y preguntaron qué pasaba. Una de las naciones más interesadas fue la Unión Soviética, ya que en la Universidad Patricio Lumumba se encontraba un grupo de maestros y estudiantes mexicanos.

"Supimos que uno de los becarios preguntó qué pasaba en México. En ese entonces los asesores educativos en todas las escuelas internacionales eran agregados de inteligencia gubernamental. El soviético dijo que en México había enfrentamientos: 'Hay una futura revolución, se está levantado el pueblo'.

"Los periódicos en el extranjero fueron muy escandalosos con lo sucedido en Tlatelolco, inclusive en el presídium de la manifestación del 2 de octubre había una periodista italiana [Oriana Fallaci] que salió herida.

"En el mundo se hizo un escándalo mayúsculo, y entonces los jóvenes que estaban en la Patricio Lumumba le dijeron a su asesor: 'Queremos regresar a nuestro país a tomar las armas en la revolución que se pretende, ¿ustedes nos pueden ayudar?'.

"La respuesta de los soviéticos fue 'No podemos porque nosotros tenemos muy buena relación con México. No queremos tener problemas con su país. Pero vayan, recorran las embajadas que tenemos aquí para ver si ellos los apoyan'.

"Ésas fueron declaraciones que obtuvimos de miembros que después también formaron parte de la Liga Comunista 23 de Septiembre. Nos revelaron que fueron a la embajada cubana y ahí les dijeron: 'No podemos ayudarles ni apoyamos ninguna revolución contra México. México es la única puerta que nos quedó abierta después de que todos los países latinoamericanos rompieron relaciones con nosotros. Así es que nuestras relaciones con México son magníficas y no podemos ayudarlos en contra del sistema ni del gobierno'.

"Acudieron a la embajada de Vietnam. En esa representación les dijeron: 'Sí, nosotros los ayudamos a entrenarse, pero en la lucha que tenemos, váyanse a luchar'. '¡Ni madres!', contestaron, 'nosotros queremos apoyo económico, apoyo armado para ir a nuestro país, no queremos entrenarnos en la guerra que tienen'.

"Entonces, luego de recorrer varias embajadas y que en todas las respuestas que obtuvieron fueron negativas, regresaron tristes a la Universidad Patricio Lumumba. '¿Qué pasó?', les dijo el asesor. 'Nada, todo mundo se niega'.

"El asesor estudiantil que tenían en la Universidad Patricio Lumumba les preguntó: '¿Ya fueron ustedes a la embajada de Corea del Norte?'. 'No'. 'Vayan a ver qué les dicen'.

"Ahí es donde nosotros establecimos que ya había consigna. Van y les dicen que sí. 'Les damos entrenamiento a 50 elementos en principio'.

"Los primeros fueron reclutados en la Universidad Nicolaíta, porque dentro del grupo que estaba en Moscú había maestros de esa universidad, conocían el ambiente, el pensamiento de los alumnos, y llegaron a reclutarlos a Morelia y a ellos se unieron con sobrevivientes de los grupos de Chihuahua.

"Se juntaron los primeros elementos. Nosotros [la DFS] teníamos una oficina en el aeropuerto de la Ciudad de México; no sé si aún exista por parte del Cisen [nombre que tuvo hasta 2018 el ahora Centro Nacional de Inteligencia]. En ella se recopilaba información de los extranjeros no deseables que llegaban y sabíamos quién salía de nuestro país.

"En el primer reporte que tuvimos se informó de la salida de varios elementos a París, todos estudiantes, y nos mantuvimos pendientes.

"El segundo reporte llegó a los tres o cuatro días. Unos 15 estudiantes salieron a París.

"Se nos hizo raro, primero, porque iban a visitar un país muy caro y sus antecedentes no indicaban que contaran con recursos e iban mal vestidos. Obtuvimos fotografías de todos.

"De qué se trata, nos preguntamos. Entonces, junto con el siguiente grupo, también salieron dos agentes de la DFS. Estuvieron pegados a los movimientos de los jóvenes. Así supimos del lugar en el que se reunían una vez que llegaban a Francia y las fechas en que viajaron a Berlín Occidental, Alemania.

"Nuestros agentes hicieron lo mismo que los estudiantes y viajaron en tren hasta la frontera con Alemania Oriental. Ahí se quedaron los nuestros.

"Lo que ellos [los estudiantes] declararon, cuando fueron detenidos en México, es que viajaron a Alemania Oriental y siguiendo las instrucciones que tenían: acudieron a la embajada de Corea del Norte, donde les dieron los pasajes para continuar su viaje, pasaportes coreanos, y les recogieron todos sus documentos mexicanos hasta su regreso.

"Uno, el más inocente, el más torpe o el más nervioso, entregó únicamente su pasaporte mexicano, mientras que sus compañeros, la cartilla del servicio militar y su pasaporte.

"En sus declaraciones nos revelaron que abordaron el tren a Moscú y en el trayecto, como ocurre en esas rutas, un agente de migración les pidió sus documentos y prácticamente todos enseñaron su pasaporte norcoreano. El muchacho este entregó su cartilla. El agente ruso lo regañó y le dijo: 'Eso no lo tienes que mostrar'.

"El muchacho sacó entonces su pasaporte coreano. Con esa declaración nos basamos para decir y opinar que los rusos tenían conocimiento de mexicanos que iban a entrenarse a Norcorea.

"En una declaración nos señalan que llegaron a Corea del Norte y relataron que el primer entrenamiento consistió en aprender que un revolucionario no debe tener tentación carnal. Y les enseñaron a las mujeres norcoreanas más perfectas, desnudas. Los mexicanos, pues ya sabe cómo somos… [suelta unas carcajadas] Sin embargo, aguantaron. '¿Qué no les gustan?', les preguntaron. 'Primero la revolución, primero la revolución', contestaron.

"Así pasaron la primera prueba, y de allí les enseñaron condiciones físicas, a volar puentes, presas, asaltar bancos, el sistema de ataque a militares en comandos.

"En ese momento, ya entrenados… No recuerdo durante cuánto tiempo los entrenaron. Pero creo que dos o tres meses.

"Una vez que regresan por la misma ruta, les dicen a sus entrenadores que necesitan armas, y las piden, pero les responden que no, que las armas las tiene la policía y el Ejército: 'El dinero lo encuentran en los bancos y en las personas ricas. Robamos armas, asaltamos bancos y secuestramos'. Con esas ideas tuvieron.

"Llegan a Morelia y uno de ellos había trabajado en el Banco de Comercio en Morelia. La primera operación fue asaltarlo. Supieron que los días 15 el banco enviaba dinero custodiado por un solo hombre.

"Vigilaron al enviado, abordaron el mismo autobús y se vinieron a México. Cuando desciende en la Central, bajan ellos y ahí lo asaltan. Le quitan la bolsa del dinero, se van corriendo. Uno de los asaltantes se cae y un policía auxiliar lo detuvo.

"La DFS intervino para interrogar al detenido y ver de qué se trataba. Nos dijo dónde y quién planeó el asalto. Reconoció que formaba parte de un grupo guerrillero".

El informe de la extinta Femospp refiere en su página 276:

Los sobrevivientes del GPGAG (Grupo Popular Guerrillero Arturo Gámiz) y del M23S (Movimiento 23 de Septiembre) se reunifican bajo las siglas del segundo, manteniendo viva la tradición insurgente en Chihuahua, bajo la dirección, entre otros, de Enrique Ángeles, Jorge Villa y Raúl Duarte.

A mediados de 71 se fusionan con un núcleo del Movimiento de Acción Revolucionaria, formando el Movimiento de Acción Revolucionaria-23 de Septiembre (MAR23S). Posteriormente, una parte se integra a los grupos que unificados dan origen a la Liga Comunista 23 de Septiembre, y, la otra, al Partido de los Pobres en el estado de Guerrero, contando con la participación del viejo dirigente guerrillero Salvador Gaytán Aguirre.

El mismo documento señala en la página 325:

Los primeros días de febrero de 1972 la dirección del MAR ordenó a Wenceslao José García y Arnulfo Ariza que hicieran contacto con Lucio Cabañas para dar instrucción político-militar a los miembros del Partido de los Pobres con lo que ellos habían aprendido en Corea del Norte.

El MAR pondría a disposición del Partido de los Pobres los conocimientos militares que poseía: comunicaciones (códigos), defensa personal (karate y judo), manejo de armas (desarmar y armar, prácticas de tiro y tiro al blanco), maniobras bélicas, táctica guerrillera, combate a bayoneta calada y demolición. Para tal fin se integrarían a la Brigada Campesina de Ajusticiamiento de tiempo completo 10 "marinos" [nombre coloquial de los miembros del MAR]. A través de Vicente Estrada V., hicieron contacto en mayo [de ese año].

Los grupos del MAR fueron desarticulados con la muerte de Lucio Cabañas y, posteriormente, con la persecución a la Liga Comunista 23 de Septiembre, lo que incluyó el encarcelamiento, durante más de cinco años, de varios de sus integrantes, sin que durante ese tiempo se les dictara sentencia.

Al paso de los años, y por exigencia de grupos civiles, las autoridades integraron averiguaciones previas relacionadas con casos de desaparición forzada en contra de integrantes de esta organización.

"En México seguían surgiendo grupos armados, y entonces jóvenes inquietos, podíamos llamarlos así, del Partido Comunista se encontraron con estudiantes del Tecnológico de Monterrey, también inquietos, y dieron origen a la conformación de la Liga Comunista 23 de Septiembre", dijo Nazar Haro.

Desde 1968 en Monterrey tuvieron lugar varios encuentros entre estudiantes que derivarían en la creación de grupos con tendencia comunista. Sin embargo, en 1970, este acercamiento se acrecentó.

El informe de la Femospp señala en la página 238:

Un grupo numeroso de estudiantes eran simpatizantes o militaban en alguna de las tres corrientes de izquierda en la Universidad, la Juventud Comunista de México, ligada al Partido Comunista, PCM; la Liga Leninista Espartaco, fundada por José Revueltas; y la Obra Cultural Universitaria instituida por jesuitas y a la que pertenecían estudiantes del Tecnológico de Monterrey. Estas tres corrientes nutrieron de guerrilleros al movimiento armado.

El Tigre contó su versión del surgimiento de la Liga Comunista 23 de Septiembre y los antecedentes de ésta en los grupos estudiantiles asentados en Monterrey:

"Los grupos se reunieron con la mediación del padre jesuita Javier D'Obeso y Orendáin. Discutieron sobre ideología. Claro, los jóvenes del Partido Comunista eran hombres más preparados y más inquietos que los del Tecnológico".

Para Nazar Haro los movimientos conocidos como Obra Cultural Universitaria (OCU), emanados de la Universidad Autónoma de Nuevo León (UANL) y el Tecnológico de Monterrey, y el Movimiento Estudiantil Profesional (MEP) se convirtieron en dos de sus objetivos en el norte del país. El involucramiento de sacerdotes jesuitas, como fue el caso de D'Obeso, que compartía los postulados de la teología de la liberación, fue un elemento importante para el surgimiento de lo que sería la Liga Comunista 23 de Septiembre, el mayor grupo guerrillero en el país.

"Los encuentros entre los estudiantes comunistas y los del Tecnológico se llevaron a cabo en Monterrey desde 1968. De ello supimos porque nosotros cubrimos todos los aspectos políticos de todas las organizaciones. Inclusive el costo de la vida.

"Todo se le informaba al director, y él, a su vez, al subsecretario de Gobernación, y de ahí hacia arriba.

"Se reportaba lo que sucedía en actos sociales, políticos, en escuelas de educación media y superior, en clubes, sociedades, el clero, todo lo que importaba al gobierno con el objeto de que las autoridades estuvieran enteradas del proceso nacional, y de esa forma supimos del encuentro en el Tecnológico.

"En las reuniones realizadas en Monterrey, los cristianos de la escuela alegaban con la juventud del Partido Comunista la bondad del cristianismo y la fe católica.

"Los comunistas les dijeron: 'Lo que ustedes ignoran es que el fundador del comunismo fue Cristo. Él dijo dale de comer al hambriento, dale de beber al sediento, dale al César lo que es del César y a Dios lo que es de Dios. Él supo repartir el bienestar entre la gente'.

"Los comunistas vencieron y regresaron a la Ciudad de México convencidos de que los estudiantes del Tecnológico habían quedado interesados en la ideología comunista.

"Lo que no esperaban es que los del Tecnológico les salieran después con que 'nada ganamos con hablar, hay que ir a los hechos'. Los del Partido Comunista corrieron a los del Tecnológico porque no aceptaban inicialmente sus ideas violentas. Cuando mucho, las agitaciones de ese partido eran orales.

"Los jóvenes del Tecnológico empezaron a reclutar admiradores y apoyo en diferentes escuelas, maestros mal pagados que creyeron en la solución de las ideas que ellos proponían, y en la Universidad Nicolaíta de Morelia, Michoacán, encontraron más bases ideológicas. En medio de estas reuniones, muchos estudiantes universitarios abandonaron sus escuelas y se unieron a la guerrilla".

En la página 461 del informe de la Femospp se menciona:

El 15 de marzo de 1973, se realiza la primera reunión de los grupos que se fusionan para dar origen a la LC23s. Los participantes deciden dar el paso de disolver sus organizaciones para dar lugar a un nuevo proyecto partidario integral, orientado a la lucha armada socialista. Los grupos que se fusionan fueron Los Procesos, la Federación de Estudiantes Universitarios de Sinaloa "Los Enfermos", el Frente Estudiantil Revolucionario (FER), el Movimiento Estudiantil Profesional, Los Lacandones, Los Macías, el Movimiento de Acción Revolucionaria-23 de Septiembre, Los Guajirosy la Liga Comunista Espartaco Monterrey. La mayoría de sus militantes y cuadros de dirección provienen de las clases medias, de la intelectualidad, profesionistas y estudiantes, en pocos proyectos hay campesinos y obreros. Los centros de educación media superior y superior sirven de fuente estratégica de reclutamiento. La unificación implicaba la creación de una estructura que les permitiera, bajo un frente unitario, dar los primeros pasos hacia la meta precisada de la construcción de la nueva sociedad.

Al respecto, Nazar Haro explicó:

"La Liga nació de grupos que inicialmente no tenían una denominación común, pero que realizaron ataques a militares y policías, al igual que asaltos bancarios en distintos puntos del país, en Chihuahua, Sonora, Sinaloa, Guanajuato, Baja California, Puebla, Morelos, Guerrero, Michoacán y el Distrito Federal.

"Comenzamos a buscar quién era el coordinador de estas acciones, luego de que Óscar Flores Sánchez, entonces gobernador de Chihuahua, agarrara a los primeros jóvenes y le confiesan que pertenecen a un núcleo guerrillero que no tiene nombre, pero que está operando en todos los estados, y que quien los coordinaba era un supuesto Juan no sé qué.

"La información acerca de ese grupo la manda a la DFS. Flores Sánchez consigna a los detenidos en Chihuahua. Ante esa información, pues dimos una alerta a todos los bancos y a las policías del país. Entonces cayeron algunos durante un robo y declararon que tenían una reunión en Guadalajara.

"Ahí se había convocado a representantes de todos los grupos guerrilleros, y los agentes que teníamos en Jalisco, que estaban metidos en la Universidad de Guadalajara —porque entonces vivía una agitación tremenda—, acuden a ese encuentro.

"Por ellos supimos que para entrar a la reunión tuvieron que colocarse una capucha para que no se conocieran entre ellos. Ahí acuerdan formar la Liga en memoria de lo sucedido en Chihuahua, y comunista, porque ese entonces todos eran de esa ideología. No era como ahora, que de izquierda, de centro, de derecha, de en medio y la madre. Eran comunistas y no comunistas.

"Acordaron la forma de la organización con un comité central y coordinadores, seguidos de grupos manejados por los líderes correspondientes y se ordenó utilizar seudónimos, olvidarse de su familia y sus nombres".

—¿De esa alianza entre los jóvenes comunistas y los del Tecnológico surgen los liderazgos de Raúl Ramos Zavala e Ignacio Salas Obregón?

—Sí. Pero los que se van a Sinaloa y Mexicali fueron Gustavo Hirales Morán y uno que le decían *el Chicano*.

"En uno de sus traslados, cuando vienen hacia el Distrito Federal a hacer contacto con otros dirigentes regionales, se quedan dormidos en la carretera. La policía se acercó a ver si estaban bien, y les encontraron la propaganda que traían, el proyecto de su periódico, llamado *Madera*, y armas. Se ponen nerviosos y los retuvo la policía.

"Ellos declaran que son luchadores sociales y entonces los regresan a México. Durante los interrogatorios hacen un organigrama de la Liga con los seudónimos y todo. Al ver el organigrama vimos el peligro. Había un hombre AA en cada estado. Las siglas identificaban al dirigente principal de cada zona urbana.

Nazar Haro agregó que Gustavo Hirales y el Chicano revelaron la conformación de la LC23S:

"AA significa coordinar área. Las acciones abajo y arriba. Abajo en la ciudad y arriba en la sierra. Tenían un plan de acción para realizar acciones simultáneas.

"Vivimos un gran peligro. Qué tenemos qué hacer: las bases son el coordinador y las bases son el hombre doble AA. Hay que ubicar a los coordinadores y a los doble AA.

"Las autoridades, y no estoy diciendo que la DFS, supieron que uno de ellos reconoció formar parte de los coordinadores y que era el enlace de siete hombres. '¿Cuál es tu nombre?'. 'Me llamo fulano'. 'Eso se comprueba. ¿Dónde vive tu familia?'. 'No tengo familia. Mi papá y mi mamá ya murieron'. '¿Algún tío?'. 'No tengo tíos'. '¿Algún hermano?'. 'No tengo hermanos'. '¿Dónde están tu padre y tu madre? Si ya murieron, ¿dónde están enterrados?'. 'Nunca supe'. 'Nooo... En este país no hay un hijo que olvide a su madre, ni muerta ni viva, así que debes saberlo'.

"Pues ya nos dice su verdadero nombre, y ya sabemos dónde vivían sus padres y ya nada más checamos datos.

"Nos informó que reclutó a siete, los siete estaban en una escuela de guerra de guerrillas a la que se unió Víctor Rico

Galán. Nos revela que de esos siete los supremos de la Liga saben su nombre, pero que él no, que nada más son Juan, Pedro, Javier. Nos confesó dónde estaba la escuela y ahí detuvimos a dos.

"A esos dos se les interrogó: '¿Cuáles son sus nombres?'. 'Luis y Javier'. 'Pues no son sus nombres...'. 'Así nos llamamos'. 'Tu compañero, ¿cómo se llama?'. 'Se llama Juan'. 'Bueno, ¿de qué platican?'. 'Bueno, pues, Juan habla mucho de química'.

"Vimos que tenía pronunciación de norteño y volvimos con Juan: '¿Tú de dónde eres? Te gusta la química. Eres químico, ¿verdad? Tú haces las bombas, ¿verdad?'. Y ahí nos fuimos.

Versión de Gustavo Hirales, emitida en la declaración rendida el 9 de abril del 2002, dentro de la averiguación previa PGR/ FEMOSPP/001/2002 (fojas 1131 a 1153), relacionada con la detención e interrogatorios de presuntos guerrilleros.

La información de esta comparecencia aparece en las páginas 380 a 382 del informe de la Femospp:

En agosto de mil novecientos setenta y tres, al ir de regreso a Mazatlán, se les descompuso el carro a él y al Chicano, pasando por el lugar una volanta de la Policía Judicial del estado de Sinaloa, que los advierte sospechosos y los detiene, iniciando tortura en su contra durante dos días, la cual suspenden ante la presión de sus compañeros de grupo que supieron de su detención, lo que provoca que sean puestos a disposición de la DIRECCIÓN FEDERAL DE SEGURIDAD, siendo trasladados desde dicho lugar hasta la Ciudad de México, en un viaje de más de cuarenta horas, llegando a un edificio situado frente a la PLAZA DE LA

REPÚBLICA, donde son recibidos por un grupo de personas, sabiendo posteriormente que uno de ellos fue **MIGUEL NA-ZAR HARO,** mismo que le dio a entender tendría que sobrevivir y, para hacerlo, le tendría que decir todo lo que le preguntara empezando con su nombre bajo la advertencia de darle la cuenta de diez para que se lo dijera **y ante su negativa fue golpeado personalmente por MIGUEL NAZAR HARO,** hasta hacerlo sangrar, para volver a preguntarle su nombre, pidiendo le trajeran su expediente, turnándolo a otros elementos de la Dirección Federal de Seguridad, quienes lo golpearon, lo sumergían en un pozo con agua, lo torturaron colgándolo de una barra, siendo esto en varias ocasiones durante ese día y los siguientes, siendo trasladado a un sitio similar a una caballeriza o granja, donde lo siguieron torturando con la finalidad de interrogarlo sobre el grupo subversivo al que pertenecía, devolviéndolo a las instalaciones de la Dirección Federal de Seguridad que pudo identificar al soltársele la venda de los ojos, siendo ahora interrogado por el director federal de Seguridad **LUIS DE LA BARREDA,** siendo trasladado a un domicilio en la plaza Río de Janeiro, en la colonia Roma, donde estuvo en unos separos, y posteriormente ser guiado a diversos lugares donde se suponía tendría entrevistas con miembros clandestinos de grupos armados. Que por el día diez de septiembre de mil novecientos setenta y tres fue devuelto a las oficinas de la Dirección Federal de Seguridad, donde lo esperaba **MIGUEL NAZAR HARO,** y otro sujeto a quien le vio una placa de Policía Judicial Militar, subiéndolo a un vehículo Ford blanco en donde fue conducido hasta Nuevo León, en compañía de ambos, habiéndolo dejado en los separos de la Policía Judicial de dicho estado, retirándose **MIGUEL NAZAR HARO,** a quien le decían **CORONEL,** y al día siguiente fue dejado en los juzgados de TOPO CHICO, donde fue juzgado por los delitos de robo con violencia, homicidio calificado y asociación delictuosa. Que por esa época intentaron secuestrar y mataron al señor **EUGENIO GARZA SADA,** lo que motivó la presencia de nuevo de **MIGUEL NAZAR HARO,** siendo sacado de su celda para reconocer unos cuerpos que le fueron llevados por personal de la Dirección Federal de Seguridad y que habrían tenido participación en el secuestro, lo que se repitió en diversas ocasiones posteriores, siendo sujeto de salvajes golpizas interrogándolo respecto del nombre del dirigente de la Liga Comunista Veintitrés de Septiembre, indicando el nombre de **OSEAS,** es decir, **IGNACIO SALAS OBREGÓN.** Posteriormente, se presentaron al penal **RICARDO CONDELL,** delegado de la Dirección Federal de Seguridad en el Estado de Nuevo León; **CARLOS SOLANA,** jefe de la Policía Judicial del Estado de Nuevo León; y **LUIS DE LA BARREDA,** director federal de Seguridad, para pedirle al declarante, a petición del secretario de Gobernación **MARIO MOYA PALENCIA,** que hiciera una declaración pública a los miembros de la Liga Comunista 23 de Septiembre para que soltaran a las personas que habían secuestrado en Guadalajara, negándose a tal petición. Que a finales de noviembre o principios de diciembre de mil novecientos setenta y tres se presentó **MIGUEL NAZAR HARO** para amenazarlo, diciéndole que dijera a sus compañeros de la LIGA COMUNISTA que el gobierno no iba a negociar en los secuestros que iban a intentar, por lo que los secuestrados se iban a chingar, pero los de la Liga también, empezando por el declarante, indicándole textualmente **MIGUEL NAZAR HARO QUE "CUANDO ESTÁ DE POR MEDIO LA SEGURIDAD NACIONAL, NO HAY CONSTITUCIÓN NI**

LEYES QUE VALGAN UNA CHINGADA". Habiéndole mandado al año siguiente, unos emisarios que le mostraron fotografías de miembros de la liga que estaban muertos, de forma muy brutal, y entendió que era la forma de venganza, ya que sus cuerpos "aparecieron" donde se cometieron los secuestros de Eugenio Garza Sada en Nuevo León y otro en Guadalajara. Que posteriormente, otros elementos de la Dirección Federal de Seguridad lo visitaron para mostrarle la fotografía de **IGNACIO SALAS OBREGÓN** recostado en una cama de hospital, llegando a saber con posterioridad que desde entonces fue "desaparecido". Que en mil novecientos setenta y cuatro planeó una fuga con otros miembros de la Liga, siendo descubiertos y reforzada la vigilancia con soldados del Ejército, siendo castigados: posteriormente, formaron un grupo dentro del penal en el que plasmaron su nuevo pensamiento político como separarse de la Liga Comunista y abandonar la lucha armada, siendo visitado en esas fechas por diversas personas, entre ellas, la señora **ROSARIO IBARRA DE PIEDRA**, que ya luchaba por los desaparecidos y por la amnistía de los presos, prófugos y exiliados, habiendo salido libre hasta el año de mil novecientos ochenta beneficiado por la Ley de Amnistía, teniendo conocimiento que la Liga Comunista 23 de Septiembre se fragmentó a la caída de **IGNACIO SALAS OBREGÓN,** señalando que a partir de los secuestros realizados por la Liga Comunista, el gobierno **dejó de consignar a los miembros de la liga que llegaron a ser detenidos,** a excepción de quienes les convenía presentar ante la sociedad para respeto del gobierno, siendo que de tales detenidos en su mayoría aparecían **muertos o eran desaparecidos como en el caso de IGNACIO SALAS OBREGÓN, JESÚS PIEDRA IBARRA y otros.**

"Fue una labor de 10 años. No tuve noche, no tuve día, no tuve nada. No soy víctima de nada, estoy orgulloso de haberlo hecho".

Ante el peligro que representaban los grupos y la falta de coordinación entre las autoridades policiacas, Nazar refiere: "Yo dije: 'Señores, de los mejores elementos de todas estas policías hay que formar una brigada especial'. Entonces esa brigada que se encargue de los combates. Combatieron, tuvieron muchos enfrentamientos".

El gobierno organizó diversos grupos coordinados a través de la Brigada Especial.

"[Cuando había operativos contra la guerrilla,] si me llegan a balazos, ni modo de darles flores. ¡También balazos! Cuando rodeábamos una casa nos tiraban granadas de mano.

"Ellos combatieron hasta el final. No se dejaban capturar. Una vez llegamos a una casa y nos enfrentamos. Dos de los agentes murieron. Una muchacha se rindió y, cuando la iba a capturar, se pegó un tiro en la cabeza. A nosotros nos interesaba tener detenidos como en la guerra, para saber del enemigo y sus planes, y nos interesaba tenerlos vivos, pero cuando eran descubiertos en sus casas de seguridad no se rendían".

De cada operación realizada por la Brigada Blanca (como se identificó de manera pública a lo que Nazar llamaba "Brigada Especial"), la DFS elaboró reportes de sus agentes y también integró documentos de cada una de las casas de seguridad.

Durante nuestras entrevistas, el Tigre mostró uno de estos documentos, en el que se acumularon decenas de reportes que contenían los datos de cada inmueble y los objetos que se localizaron, así como imágenes del sitio en el que detectaron a integrantes de la Liga Comunista.

Estas hojas con fotografías engrapadas fueron integradas en un engargolado cuya pasta de color negro lleva como título "Liga Comunista 23 de Septiembre. Casas de Seguridad".

Las páginas dan cuenta de las acciones de la DFS en viviendas ubicadas en municipios como Guadalajara, Jalisco; Culiacán y Navolato, Sinaloa; Ecatepec, Ciudad Nezahualcóyotl y Tlalnepantla, en el Estado de México; Poza Rica, Veracruz; Coyotepec, Oaxaca; Yurécuaro, Michoacán; Ciudad Madero, Tamaulipas; o en colonias como San Juan de Aragón, Cuautepec y Zacatenco, en la delegación Gustavo A. Madero del Distrito Federal.

En las imágenes de los operativos antiguerrilla en cada domicilio se muestran libros de Carlos Marx, Federico Engels y otros autores considerados "peligrosos" en esa época; máquinas de escribir, mimeógrafos, armas y cartuchos, entre otras cosas, pero ningún detenido.

Por otro lado, el gobierno elaboró un libro denominado *Guerrilleros extremistas y terroristas prófugos y amnistiados.* Pude revisar uno de aquellos libros de circulación restringida, en cuya pasta se lee: "Armada de México, Estado Mayor Naval". Cada página contiene una fotografía de los miembros de los grupos armados, su nombre real y su seudónimo; en algunos casos, su fecha de nacimiento, organización de la que formaron parte y actos en los que supuestamente participaron.

En el documento original se colocaron imágenes de personas que tenían signos de haber sido golpeadas, algunas todavía sangrando de los pómulos, como Benjamín Astorga Ramos; otras, incluso con un letrero de identificación carcelaria en el pecho, como el caso de José Luis Rhi Sausi Galindo.

En total, son 263 imágenes e identificaciones, además de un cúmulo de documentos y recortes de prensa elaborados por distintas corporaciones en las que aparecen listados con otros nombres y referencias que suman más de 200 casos.

De ello Nazar Haro me permitió sacar una fotocopia.

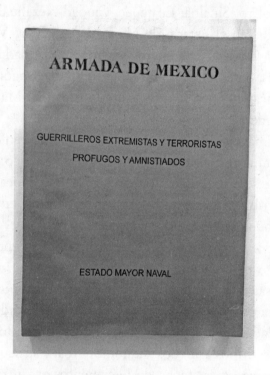

—¿Qué significaba Guadalajara para usted en el último tramo de los años sesenta y primeros de los setenta?

—División universitaria. La Universidad de Guadalajara vivió momentos de confrontación.

"Por un lado, estaba la Federación de Estudiantes de Guadalajara (FEG), dirigida por Carlos Ramírez Ladewig desde 1967. Su grupo apoyaba al sistema.

"Para 1970 se formó el Frente Estudiantil Revolucionario (FER). En él estaba metido Andrés Zuno, hermano de Esther, la esposa de Luis Echeverría. Andrés estaba en contra del sistema, en contra de su cuñado.

"Hubo otro grupo estudiantil, independiente, en contra del FER y la FEG. Era una división tremenda en la universidad, por eso los guerrilleros escogieron esa ciudad de base.

De estas confrontaciones y disidencias estudiantiles surgieron, en 1973, las Fuerzas Revolucionarias Armadas del Pueblo (FRAP), dirigidas por los hermanos Alfredo, Ramón y Francisco Juventino Campaña López. A esta organización se unieron miembros del FER.

A este respecto, Nazar Haro señaló que Carlos Ramírez Ladewig fue asesinado el 12 de septiembre de 1975 por integrantes de las FRAP.

"Él, que deseaba ser gobernador de Jalisco, tenía mucho acceso a los universitarios, era enemigo de los Zuno, y hombres ocultos en los matorrales de un camellón le dispararon cuando iba en su coche.

"Me asignaron para investigar el caso y para ello recorrí la calle por la que según los testigos corrieron los asesinos. Toque casa por casa. En una de ellas salió una señora y me dijo: 'Sí, yo los vi, corrieron y se subieron a un carro'.

"En eso llegó el marido y nos preguntó qué queríamos. Le dije: 'Soy subdirector de la Federal de Seguridad y preguntaba si alguien había visto a los que corrieron'. 'Mi señora no vio nada'. 'Pero ella me dijo…'. 'No, no le dijo nada, porque ella no vio nada. No nos quite el tiempo porque tenemos que organizar la fiesta de mi hijo que cumple cuatro años y la fiesta será en un rato'. Me cerró la puerta.

"Más tarde me presenté en el domicilio. Toqué la puerta y cuando se asomó el marido le dije: 'Traigo el pastel para que festejen a su hijo'. 'Hombre, muchas gracias'. 'Hasta luego', le respondí. Me contestó: 'No, pásele, pásele'. Me quedé en la fiesta del niño y al rato el mismo marido le ordenó a su mujer que me comentara lo que vio.

"La señora apuntó con lápiz labial las placas del coche. Eran placas de Jalisco y me fui a Tránsito del estado. La matrícula correspondía a un seudónimo, y, al cuestionar por qué se habían dado esas placas, nos indicaron que quien las obtuvo había llegado recomendado por un abogado importante en Guadalajara.

"La verdad, pues como tenía todo el poder, ordené: '¡Tráiganme al abogado ese!'.

"Me lo llevaron a la oficina que instalamos en Guadalajara, y cuando llegó me dijo: '¿Qué le pasa?'. 'No, ¿qué le pasa a usted?, que viene como si estuviera muy ofendido. ¿Qué le pasa?... Cuando recomendó que le dieran placas para un coche que tenía reporte de robo y que fue entregado a unos delincuentes que asesinaron a Ramírez Ladewig'.

"Entonces confesó: 'El despacho se lo dio'.

"Le pregunté que con cuánto. 'Con cierta cantidad. Pero fue al despacho'. 'Vamos a reconstruir los hechos. ¿Mandó usted una recomendación por escrito?'. 'Sí'. 'A ver la máquina'. En Tránsito comparamos la forma de las letras. '¿Quién escribió en la máquina del despacho?'. 'La secretaria'. Llamamos a la secretaria, se hizo todo lo que es una investigación.

"Resultó que el nombre que dieron y la dirección correspondían a un domicilio en San Luis Potosí. Saqué la copia de la licencia del tipo, y descubrí, al comparar con mis archivos, que uno de los asesinos se llamaba [Juventino] Campaña López, le decían *Ho Chi Min*. Con uno de sus hermanos y otro grupo de estudiantes que también pertenecían a la Universidad de Guadalajara ejecutaron a Ramírez Ladewig.

"Jalisco estaba muy caliente, era una juventud muy inquieta, muy brava. Fue el estado donde un general combatió fuerte a la guerrilla, era anticomunista.

"Para esta investigación tuve que viajar hasta California, Estados Unidos, y convencer a uno de los que participaron en el asesinato de Ramírez Ladewig [Pedro Ornelas Rochín]. Lo hizo acompañado de su madre, que era con quien estaba allá".

Supuestamente, Pedro Ornelas Rochín y un vendedor de autos robados que operaba en Guadalajara y servía a la FEG, quien proporcionó el vehículo en el que huyeron, fueron los homicidas de Ramírez Ladewig. Pero la acusación desembocó en contra de miembros de las FRAP.

En la página 459 del informe de la Femospp consta:

Las FRAP realizaron dos operaciones importantes antes de desaparecer del escenario político. El 4 de mayo de 1973 secuestraron, en la Operación 15 de enero de 1973, al cónsul estadounidense en Guadalajara Terrance Leon Hardy, con lo cual obtuvieron la liberación de 30 guerrilleros pertenecientes a Los Guajiros, UP, FER, PDLP, FANR, MAR, FUZ, ACNR, PRPM, un anarquista y LC23s recluidos en diversas cárceles del país, los cuales fueron trasladados a la isla de Cuba. La organización entró en un receso en sus actividades armadas de más de un año.

Su segunda operación fue el secuestro del suegro del presidente Luis Echeverría, José Guadalupe Zuno, realizado el 28 de agosto de 1974. La izquierda y muchas personalidades se manifestaron públicamente exigiendo su liberación. Las FRAP se dividieron entre los que querían ejecutarlo y los que se oponían a ello. Finalmente fue liberado con vida el 7 de septiembre de 1974.

Días después, agentes de la DFS capturaron a 13 de los 17 activistas responsables del secuestro de José Guadalupe Zuno, los cuales fueron presentados a la prensa el 26 de septiembre de 1974 y consignados en la cárcel de Oblatos el 29 de septiembre de 1974. Las FRAP fueron desarticuladas. David López Valenzuela fue asesinado de 19 puñaladas por sus antiguos compañeros del FER, detenidos por su militancia dentro de la LC23S, en Oblatos en 1977.

Además de los grupos de choque de carácter oficialista, como la FEG, y comunistas, como las FRAP, Guadalajara se convirtió en centro de operaciones de grupos anticomunistas identificados como el MURO y Los Tecos.

—¿Qué representaba para el gobierno el MURO?

—Un grupo peligroso. Eran fanáticos con dinero. Por eso los teníamos alejados hasta que acabamos con ellos, y para ello los dividimos. Teníamos información, teníamos infiltración en el MURO. El segundo de ellos ahora hace un periódico. Si bien atacaban a los grupos guerrilleros, no eran una organización leal al gobierno. Había que tenerlos medidos y acabarlos.

—¿Y Los Tecos?

—¡Ah, ésos eran muy cabrones! Era un grupo de matones.

—¿La DFS supo cuántos guerrilleros actuaban en México?

—[Unos] 700. Arriba y abajo —ríe—. No le di pa bajo, sino abajo.

—¿Por qué la DFS parecía una institución enorme si dice usted que sólo contaba con 1 000 elementos?

—Pues yo creo que era enorme. Tenía infiltrados en todos lados. Cuando yo entré eran 30; después fueron cientos, y yo la hice de miles. Con todo e infiltración. Miles con los estatales, con los infiltrados, con los grupos en México. Nada más 1 000 oficialmente, pero fanáticamente inculcados hacia el amor a su camiseta y su país.

—¿Qué representaba la Liga Comunista para el país?

—Dígame usted si no eran una amenaza: 700 gentes armadas, fanáticamente preparadas. Para mí eran una amenaza para el país porque no tenían cara, sus identidades eran falsas y no se sabía contra quién se estaba luchando. Nada más hay que ver cuántos policías murieron por la espalda.

—¿Qué significaba Guerrero en los años de mayor auge de la guerrilla?

—La toma del poder. Si ganaban, ahí hubieran gobernado toda la República. Hubieran desquiciado el sistema y la toma del poder. Se inspiraron en otros que habían tenido éxito.

8

Venezolanos

Miguel Nazar Haro era importante para el sistema, para reprimir movimientos sociales y obtener información considerada trascendente para la seguridad nacional. Sin embargo, aseguró que en esa época en los altos círculos gubernamentales se le trataba con desprecio: "Decían que era un árabe, un policía, no un funcionario y menos mexicano".

"Antes de las seis de la mañana del 19 de mayo de 1973 me llamaron de la oficina del secretario de Gobernación, Mario Moya Palencia: 'Secuestraron un avión venezolano y vienen para acá. Lánzate al aeropuerto'". Así comenzó la narración de Miguel Nazar Haro en torno a lo que vivió aquel día.

Estaba contento, faltaban nueve días para que cumpliera 81 años. Era 2005. Empezó la charla respondiendo si le gustaba leer poesía. Declamó un fragmento del poema que más le gustaba, del cubano José Martí:

> Cultivo una rosa blanca
> en junio como en enero
> para el amigo sincero
> que me da su mano franca

—¿Qué es lo que usted sabe?

—Lo que todo mundo calla y todo mundo conoce. El país desde la óptica de la seguridad nacional. La seguridad de este país que tiene su riqueza enterrada. Muchos la han ambicionado. Lo que hice para mi país a través de labores de inteligencia y análisis fue defenderlo.

"Yo no traje del extranjero gente entrenada para volar presas y puentes, para asesinar soldados y policías, para asaltar bancos y secuestrar personas por lo que otros consideraban un delito: tener dinero.

Luego, su rostro entristeció.

—¿Se siente abandonado?

—Sí, y muy abandonado.

—¿Quiénes eran sus amigos?

—¿Amigos? Ésa era una gran ventaja, yo no tenía amigos íntimos. Amigos, todos. Íntimos, ninguno, desde que aprendí que entre más conozco al hombre, más quiero a mi perro.

"En mi vida de policía el apellido me estorbó muchísimo tiempo. Me decían árabe, turco, húngaro o extranjero.

"Batallé con el apellido, siempre al apellido lo señalan como árabe, y no es árabe. El origen de mi padre es libanés, fenicio. Los fenicios fueron conquistados por los árabes, turcos y franceses.

"Por eso me dejaron mucho tiempo de agente y luego de subdirector. Me argumentaban: 'Deja que la gente se acostumbre a tu apellido'. Y ascendí a subdirector hasta que vino [Javier] García Paniagua [1976].

Cuando me contó esto, Nazar Haro estaba en prisión domiciliaria. "Éste es el precio de la fama, me pagaron con cárcel. Yo no hice nada malo que merezca este castigo. Yo organicé y defendí al país contra elementos nocivos al servicio de otras naciones y lo volvería a hacer".

—¿Qué vivió el 19 de mayo de 1973?

—Me llamaron temprano para ver lo del secuestro de un avión venezolano.

El reporte de esa fecha, firmado por el entonces director de la Federal de Seguridad, el capitán Luis de la Barreda Moreno, refiere que la nave arribó al aeropuerto de la Ciudad de México, procedente de Mérida, Yucatán. Era un avión Convair 580 de Aerolíneas Venezolanas que llevaba a bordo a "37 pasajeros, cinco tripulantes y cuatro secuestradores (tres hombres y una mujer)". Arribó a las 8:40 horas por la pista número 23 derecha del aeropuerto internacional de esta capital.

"Los secuestradores solicitaron por la radio del aparato que estuvieran en este aeropuerto representantes de la agencia noticiosa United Press International, del gobierno de Venezuela, y que se les tuviese preparado combustible, cobijas, analgésicos y cartas de vuelo para La Habana, Cuba, o Santiago de Chile", refiere el informe oficial, cuya copia se resguarda en el Archivo General de la Nación.

Nazar contó de aquel momento: "Cuando llegué todavía no había ningún funcionario. El director de Aeropuertos y Servicios Auxiliares (ASA), Julio Hirschfeld Almada, me dijo: 'Señor, quieren al embajador de Venezuela. ¡Suba al avión para hablar con ellos, mientras localizo al embajador!'. Contesté: 'Ése no es mi problema'".

A las 9:40 llegó al aeropuerto el secretario de Gobernación, Mario Moya Palencia. Se dirigió a la torre de control. Luego arribaron el general Hermenegildo Cuenca Díaz, secretario de la Defensa Nacional; Eugenio Méndez Docurro, secretario de Comunicaciones y Transportes; y Pedro Ojeda Paullada, procurador general de la República.

A las 10 de la mañana los secuestradores de la nave dieron a conocer a los periodistas mexicanos un pliego petitorio: demandaban que el gobierno venezolano liberara a 79 presos políticos en un término no mayor a 48 horas a partir del momento en que la nave fue tomada bajo control del grupo, y señalaron que considerarían libres a sus compañeros revolucionarios sólo en el momento en que, "por gestiones propias de su gobierno", éstos se encontraran en el Aeropuerto José Martí de la ciudad de La Habana, Cuba.

En el pliego dirigido a Rafael Caldera, presidente de Venezuela, señalaron: "De no poner en libertad a los revolucionarios exigidos en la lista anexa, procederemos a destruir la nave con todos los rehenes, asegurándole de antemano que no vacilaremos [en] nuestro cometido".

Añadió Nazar: "Cuando llegaron los secretarios les informan que los secuestradores habían amenazado con matar cada cinco minutos a los rehenes. Me piden entonces que suba a la torre de control y dé mi opinión. '¡Ah, caray!, ¿quieren mi opinión?'".

A las 10:05 horas Humberto Rumbos, primer secretario, encargado de negocios de la embajada de Venezuela en México, se presentó en el aeropuerto y dio a conocer a la prensa, en nombre de su gobierno: "Por tratarse de una nave de su país, tripulación y pasaje, en donde se encuentran niños, el gobierno venezolano no parlamentará ni llevará a cabo ninguna transacción con los secuestradores, en virtud de que en Venezuela no hay presos de orden político y que la decisión que tome el gobierno mexicano, ya que la aeronave se encuentra en su territorio, será aceptada totalmente por su gobierno".

Luego el representante venezolano se encontró con los funcionarios mexicanos en la torre de control y transmitió su mensaje por radio a los ocupantes de la aeronave.

"Ante esta situación, los secuestradores solicitaron la presencia de un funcionario mexicano que les llevara una proposición a fin de proteger su vida", escribió Luis de la Barreda Moreno.

Nazar narró: "[Una vez en la torre,] ahí estaban los políticos preguntándose qué hacer. Respondí: 'Pues muy fácil. Díganles que va a al avión un funcionario a hablar con ellos'. Ninguno quiso. Contestaron: '¿Cómo va a ser que un alto representante negocie con secuestradores?'.

"Entonces el apellido estorbaba, despreciaban a los policías, y yo era uno de ellos. Pero ninguno de los secretarios quiso dialogar con los secuestradores. Tenían miedo de lo que sucediera. El secretario de Gobernación ordenó que fuera yo".

El informe de la DFS refiere:

A las 11:30 horas el C. Miguel Nazar Haro, subdirector federal de Seguridad, recibió instrucciones del C. secretario de Gobernación, para que fungiendo como representante del gobierno mexicano hablara con los secuestradores, haciéndoles saber que este país les daría asilo político territorial y las garantías suficientes, siempre y cuando desistieran de su actitud, permitiendo que el pasaje descendiera del aparato o bien les propusiera aceptaran trasladarse a La Habana, Cuba, ya que el gobierno de esa República les admitiría en calidad de asilados.

La respuesta de los secuestradores fue "¡Que venga! ¡Que venga sin armas!".

Siendo las 11:50, Miguel Nazar Haro, cumpliendo las exigencias de no llevar saco ni armas, abordó la nave, llevando como contraseña una pluma del piloto del avión, que habían enviado para identificar a la persona con la cual parlamentarían; los cuatro secuestradores optaron por la segunda proposición, pero solicitaron que el señor Nazar Haro les acompañara hasta La Habana, Cuba, ya que en esa forma ellos consideraban tener protegidas sus vidas.

Nazar recordó: "Voy al avión. Subo. Estaba uno con un revólver y otro con una escuadra; otros dos con los dedos puestos en las espoletas de igual número de granadas. Les digo: 'Vengo a ofrecerles asilo político. ¡¿Podemos bajar las armas?!'. Respondieron: '¡No!'.

"Me metieron a la cabina del avión y me apuntaron con una pistola. 'Dese la vuelta. Súbase los pantalones hasta las rodillas'. Hice lo que pidieron para que vieran que no llevaba nada. Me revisaron cuatro veces. Una vez que confirmaron que no traía nada, les pedí que dejaran las armas en el avión y bajaran para otorgarles asilo político.

"'Con las armas. Si no se puede, vamos a volar el avión'. '¿Qué culpa tiene el pasaje? Éste es un vuelo de gente de pueblo. ¿Así defienden a su pueblo? Les propongo unirme a su causa'. '¿Qué quiere que hagamos. Cuba es el único país libre de América Latina. La puerta ya debe cerrarse. ¡Usted se va con nosotros!'. 'Pues me voy con ustedes, estos mexicanos no se atreverán a hacer nada'.

"Por radio les digo a los que estaban en la torre: 'Me voy con ellos'. A los aerosecuestradores les digo que yo también fui guerrillero, que estuve en 1965 en la sierra de Chihuahua en el ataque al cuartel de Madera. Les cuento la historia de lo sucedido y que soy el único sobreviviente de aquello. Que yo los acompañaré y después si quieren me uno a ellos para actuar en Venezuela".

El reporte gubernamental menciona:

A las 11:58 el Convair despegó del aeropuerto internacional de esta ciudad, llevando consigo al subdirector de la Federal de Seguridad.

A las 12:05 el secretario de la Defensa Nacional ordenó al comandante de la 32 Zona Militar, con base en Mérida, Yucatán, que tomara todas las providencias necesarias; asimismo, el director de ASA alertó a todos los aeropuertos del golfo de México para que en caso de emergencia diesen pista a la aeronave secuestrada.

Posteriormente, los secretarios de Estado ofrecieron una conferencia de prensa en la que les informaron a los representantes de los medios de comunicación: "Para garantizar la seguridad del aparato y las vidas de los tripulantes y pasajeros, fue necesario que el funcionario mexicano viajara con ellos, en la inteligencia que será devuelto a México tan pronto como arriben a La Habana, Cuba".

Miguel Nazar narró que los venezolanos que tenían el control de la aeronave se mostraron interesados en saber por qué un funcionario mexicano se atrevía a decir que se uniría a ellos, y cuál era su historia. "Les dije que yo era Arturo Gámiz".

Nazar se refería a uno de los fundadores de la primera organización guerrillera en México, la cual ejecutó una acción considerada histórica en contra del gobierno mexicano por parte de un grupo armado de carácter maxista-leninista.

La agresión contra un cuartel militar se llevó a cabo el 23 de septiembre de 1965, en la comunidad de Madera, Chihuahua. Un grupo de 13 personas atacó a los militares. Los guerrilleros formaban parte del Grupo Popular Guerrillero (GPG), encabezado por el profesor rural Arturo Gámiz García y Pablo Gómez Ramírez, médico y docente en la Escuela Normal Rural "Ricardo Flores Magón".

En el ataque fallecieron ocho guerrilleros, entre ellos, Arturo Gámiz. Luego, los soldados —que tuvieron seis bajas— subieron los restos de los integrantes del GPG a un camión y recorrieron Madera. Posteriormente, por órdenes del gobernador de Chihuahua, Práxedes Giner Durán, los cadáveres de los insurrectos fueron lanzados a una fosa común.

Nazar aprovechó el desconocimiento que tenían los venezolanos en cuanto a la historia mexicana, porque lo sucedido en Madera y la acción realizada por Arturo Gámiz daría como resultado que el 15 de marzo de 1973, en honor a los caídos en esa comunidad del estado de Chihuahua, a la unión de organizaciones armadas que habían surgido en el país se le denominara Liga Comunista 23 de Septiembre, la cual fue combatida con fanatismo por el entonces subdirector de la Federal de Seguridad.

Nazar les aseguró a los venezolanos: "Por las leyes del presidente Luis Echeverría, amamos el comunismo".

Les prometió unirse a ellos y que los acompañaría a llevar a cabo acciones revolucionarias en Venezuela una vez que estuvieran libres.

"Me gané su confianza, los convencí que estaba a favor de ellos, y que era necesario que se tranquilizaran, y que si no soltaban sus armas, que dejaran de apuntar a los pasajeros y quitaran los dedos de las espoletas de las granadas.

"Me acerqué a la mujer del grupo y le pregunté: '¿Por qué lloras?'. 'Van a volar el avión'.

"Me dirigí al líder: 'Ésta no es forma de hacer la guerra, yo en su lugar haría cosas que afectaran a mi gobierno, no a mi pueblo, y esta gente es del pueblo. Yo les voy a enseñar que yendo a Cuba y luego a Venezuela van a poder realizar su acciones'".

El informe de la DFS detalla:

[La mujer] mostraba crisis nerviosa. Al preguntarle el motivo por el que se encontraba así, contestó que el individuo alto de raza negra estaba dispuesto a hacer volar el avión. Ante esta situación y al haber rechazado el asilo político en México, [Nazar] les propuso que no era justo que el hecho de que gente inocente, del pueblo venezolano, por lo que ellos luchaban en pro de su liberación, fueran víctimas de un atentado, además de que se encontraban mujeres y ancianos. En nombre del gobierno de México les ofreció su vida por la de los 37 pasajeros.

Esta actitud desconcertó a los secuestradores, quienes emitieron un mensaje político, haciendo saber a los pasajeros que al presidente de Venezuela no le importaba la vida de sus conciudadanos y que, sin embargo, el gobierno de México les mandaba un representante oficial a sacrificarse por ellos. Esto provocó entre los pasajeros vivas hacia México y su primer mandatario; conmovidos los secuestradores le propusieron [a Nazar] que les acompañara hasta Cuba, ya que temían que si el vuelo lo efectuaban únicamente ellos con el pasaje y la tripulación, serían interceptados por un avión de la Fuerza Aérea venezolana y derribados en el mar, que, sin embargo, si viajaba en el avión un funcionario mexicano, Venezuela respetaría la vida.

El subdirector de la DFS aseguró durante la entrevista que, una vez que ganó la confianza de los guerrilleros venezolanos y se tranquilizó el ambiente en la aeronave, les dijo:

"Les voy a enseñar una canción sobre Cuba, de los nuevos cantantes de moda en los cafés socialistas: 'Fidel, Fidel, qué tiene Fidel que nadie puede con él'.

"Así llegamos a Mérida y aterrizó el avión para cargar combustible. Les dije: 'Voy a bajar a hablar por teléfono para decirles a mis jefes que renuncio a mi gobierno para unirme a la guerrilla de Venezuela. Me reporto a México y les pido que no le digan a mi familia dónde ando'.

"Regresé al avión. 'Vámonos, compañeros, pero dejen que los pasajeros bajen'. Y volamos a Cuba. 'Allá', comenté, 'hay varios afiliados nuestros, nos recibirán bien'".

El documento de la DFS refiere:

[El] capitán de la aeronave señalando que eso [dejar que los rehenes descendieran] era peligroso, temiendo que ya sin pasajeros más fácilmente podrían volar la nave. A pesar de ello consultó a los viajeros sus opiniones, acordando en forma unánime que todos le acompañarían hasta La Habana al considerar indigno dejar que la tripulación volara sola con los secuestradores, solidarizándose en esa forma a la suerte que todos podían enfrentar.

"Una vez que llegamos a Cuba había funcionarios de ese país esperando que aterrizara la nave. En cuanto las puertas se abrieron, subieron al avión y abrazaron a los venezolanos.

"Así, también subió un hombre bien vestido y preguntó quién era el mexicano.

"Los venezolanos me decían: 'Vámonos'. Les dije que esperaran, que tenía que responder al representante de Cuba y que luego luego los alcanzaría.

"A ellos se los llevaron en un automóvil, los pasajeros fueron descendiendo, y yo esperé hasta el final.

"El cubano y yo bajamos, y no me le separé, me acerqué hasta quedar cara a cara y le solté: '¿Dónde están los mexicanos? Buscaba a los de la embajada mexicana. El agente cubano me respondió: 'Yo los veo a todos aquí flacos, tirados. Fidel los mando a todos fuera de La Habana, quédese tranquilo'. Me preguntó: 'Usted se llama Miguel, ¿no?'. 'No. Me subí al avión porque soy ayudante del secretario de Gobernación y me ordenaron que acompañara el grupo'. En realidad querían saber si era personal de inteligencia mexicana. 'Pues ahí está tu embajador esperando. Platicando me dijo tu amigo de Relaciones Exteriores que eres Miguel'. 'No es mi amigo, no lo conozco'. Ese hombre bien vestido era en realidad de la Dirección de Inteligencia de Cuba. De tarugo le digo quién era. Eso era lo que él quería confirmar.

"Mientras caminábamos insistió. Preguntó si también me habían secuestrado. 'Su presidente está muy preocupado'. Le dije: 'Señor, se lo explico después. Vámonos'. Siguió hurgando para saber quién era.

"Dijo que ya estaba en terreno seguro. Insistió: 'Oiga, ¿usted es Miguel Nazar?'. Le respondí: '¿Yo le pregunté su nombre? No, ¿verdad? Pues mi nombre es Miguel'. 'Usted es subdirector de la Federal de Seguridad'. 'No, yo soy ayudante del secretario de Gobernación, pero en México se necesitan dos chambas porque no alcanza la lana. Soy subdirector en la mañana y ayudante en la tarde'".

En el reporte de la DFS se menciona que Nazar "observó que la persona que lo había recibido informaba vía telefónica lo manifestado por él, regresando para preguntarle por su nombre y cargo, habiéndole contestado que era ayudante del Ministerio del Interior".

Nazar siguió narrando:

"Llegamos con el embajador, [Víctor Alfonso] Maldonado. Me trasladó a su oficina, toda llena de espejos. Le comenté: 'Mire usted, mi misión es apoyar al gobierno de México. Yo me subí al avión para dejar a estos comunistas porque venían a Cuba, me hicieron caso y ya'.

"Hasta cree que le iba a decir más, aunque me llevó a un recorrido por algunas partes de Cuba. Luego regresamos a otra estancia de la representación, un cuarto con muchos espejos. ¿Quién es tan ingenuo para considerar que no hay micrófonos en la embajada?

"Pensé: '¿Qué tienen los comunistas? ¡Nada!'.

"El embajador me dijo: 'Yo tengo a mis dos hijos estudiando en China'. '¡Ah! Pues qué bien'.

"En la noche desde México enviaron un jet para que me recogiera".

El reporte gubernamental se menciona que "el jet ejecutivo Sabreliner hizo su arribo al Aeropuerto José Martí a las 21:00 horas (tiempo de México) y después de abastecerse de combustible [Nazar] lo abordó, despegando a las 22:06 horas para llegar a México en viaje directo al Aeropuerto Internacional Benito Juárez de la Ciudad de México, a las 00:55 horas del día 20 [de mayo]".

"Mi obligación era alejar el peligro de mi país. No pensé en los funcionarios. Así lo hubieran hecho. Los venezolanos y los políticos mexicanos querían para este asunto un funcionario, no un policía.

"¡Ah!, pero la sorpresa, la gran sorpresa de mi vida fue que al día siguiente en todos los periódicos se dijo: 'Un mexicano...'. Un mexicano... ¡Por fin!

"Días después, por primera ocasión me invitaron a un acto oficial en el Heroico Colegio Militar".

El 21 de mayo de 1973 se conmemoraba el aniversario de la firma de los Tratados de Ciudad Juárez. En ellos se estipulaba que el general Porfirio Díaz renunciaría a la presidencia de la República, que a partir del 21 de mayo de 1911 cesarían en el país las hostilidades entre las fuerzas federales y revolucionarias. Según Nazar:

"[Esa conmemoración implicó] estar cerca de los altos funcionarios en un acto público y que allí se reconociera mi trabajo por parte del presidente. Durante la ceremonia se me acercó el secretario de Comunicaciones y me dijo: 'Yo quería ir con ellos. No era tan difícil, pero me dijeron que no'. Pensé: '¡Chingue a su madre!'.

"No me importaba la gloria. Nunca me ha importado. Lo importante era cumplir con mi trabajo, me pagaban por eso. Nunca me ha dominado la vanidad. Nunca fui a aparecer como el director fulano de tal, pregúntenles a los agentes".

9

La antesala, el poder y el dinero

"Antes los delincuentes decían: 'Méteme a la cárcel, pero no me lleves al Servicio Secreto'. Le tenían miedo, era la antesala del infierno", dijo el Tigre Nazar Haro.

—¡Así ha de haber estado!

—¡De la chingada! Eran unos sótanos donde metían a los delincuentes, y cuando salían, lo hacían diciendo misa. ¡Estaba cabrón!

"*El Negro* Durazo pudo haber sido un buen policía, pero no habría que regresar a esa época, la del 'tehuacán'. En la época de Durazo torturaban a esos bueyes, y aun así los mandaban confinar con certificado médico".

En la esquina de las avenidas 20 de Noviembre y Fray Servando Teresa de Mier estaba un edificio conocido como "Tlaxcoaque". Allí operaban la Dirección de Investigación para la Prevención de la Delincuencia (DIPD) y el Servicio Secreto.

Durante los tiempos de la llamada guerra sucia y, de manera particular, durante el sexenio de José López Portillo, en ese edificio despacharon Arturo *el Negro* Durazo Moreno y, entre otros, los comandantes Jesús Miyazawa, Salomón Tanús y Francisco Sahagún Vaca.

—¿Le tocó estar en algún interrogatorio en el Servicio Secreto?

—Je, je, je, je... ¿Sabes dónde interrogaban? Donde estaban las caballerizas. Un día un policía estaba con un cabrón sospechoso de haber robado unas alhajas. Yo estaba ahí, y dije: 'Vamos a ver'.

"Que le pegan en el estómago, pero el cabrón aguantaba mucho. Luego, le dieron 'pocito', y al sacarlo le preguntaron: '¿Dónde están las alhajas?', y contestó: 'Acá abajo ya dije que no hay nada, ya busqué en la alberca'.

El inmueble sirvió a la policía capitalina desde 1965 hasta 1985: se derrumbó a consecuencia del sismo ocurrido el 19 de septiembre de ese último año.

El 2 de octubre de 2021, durante una conferencia de prensa, el gobierno federal dio a conocer un proyecto para "la reconversión de uno de los principales centros de tortura de la capital, la antigua Dirección General de Policía y Tránsito, en un lugar para la memoria".

En esa conferencia, la jefa de gobierno de la Ciudad de México, Claudia Sheinbaum, declaró respecto a las instalaciones que aún existen —muy cerca del Palacio Nacional—: "Ahora, son habitaciones inundadas con olor a podredumbre donde las autoridades de la capital encontraron incluso una silla con correas que se utilizó para las torturas, y harán una recuperación forense de cualquier material que pueda ser utilizado en la búsqueda de justicia".

Cuando iniciaron mis encuentros con Nazar Haro, él se resistía a comentar temas relacionados con Luis Echevarría, el Ejército, Durazo y sus hombres, la actuación del gobierno respecto de los grupos armados.

Me contó que había considerado escribir un libro biográfico, y para ello le había pedido a una periodista amiga, Elisa, que se encargara de hacerlo. "Comenzamos con ello, pero desde el principio me dijo que si se iba a hablar del Ejército, de casos como el 68 y otras muchas cosas. Le dije que no. Siempre me chingaron que hablara de eso, ¡y no!".

El Tigre expresó en muchísimas ocasiones: "¿Qué quiere saber? Porque de entrada debo decirle que no soy ningún delator, soy un policía, un investigador que se volvió famoso por el resultado de sus indagatorias".

Sin embargo, al paso del tiempo, Nazar aceptó tratar muchos de sus controvertidos episodios; incluso reveló lo que él aseguró que era el principio del libro que había dejado inconcluso:

"A aquellos que me han brindado su apoyo en este cautiverio por un delito cuya aplicación no corresponde a mi persona —no los menciono para que las personas que han enfocado su odio contra mí debido al desarrollo de mi trabajo no lleguen a causarles un daño inmerecido—, aunque no los mencione, les guardo un profundo cariño, el cual llevo conmigo hasta la muerte.

"A todos aquellos que lleven el apellido Nazar les afirmo que jamás manché sus nombres porque no cometí delito alguno al defender a la patria que me vio nacer, y que en esas luchas, en esas recias luchas de la vida, cuando yo flaqueaba, el amor a mi país me ayudaba en mi caída, y el deber cumplido me alentaba en la pelea...".

—Si usted no torturaba, ¿quién se encargaba de ello?

—El Servicio Secreto, [Arturo *el Negro*] Durazo, la Policía Judicial Federal, la Policía Judicial del Distrito Federal. Todas las policías se encargaban de eso.

—¿Cuáles eran las instrucciones de José López Portillo respecto de la guerrilla?

—La gente preferida de López Portillo era Durazo y sus elementos, no nosotros [la DFS]. A nosotros nos correspondía enviarles toda la información que se refería a la guerrilla al presidente y a Durazo por instrucciones del mandatario.

—¿Todos los actos de detención, tortura, inclusive desaparición que les atribuyen a usted los ejecutaron Durazo y sus muchachos?

—¡Le repito lo que le acabo de decir!

—¿Lo que usted dice es que Durazo y su gente fueron los responsables?

—Estoy diciendo que el hombre de confianza del presidente era Arturo Durazo y los que participaban en los enfrentamientos eran de la Policía Judicial, el Servicio Secreto, la Brigada [Especial o Blanca].

"En Tlaxcoaque, los separos estaban abajo, y ahí los tenían a veces 15 días, y aunque se hablaba con Durazo y se le decía: 'Ya consígnalo', él respondía: 'No, saben muchas cosas y a la chingada'. No es que quiera echarles la culpa, pero era el sistema de ellos. Yo no tenía separos ni nada oculto.

"[En la DFS] a los detenidos los ponían en un cuarto de interrogatorio en el que había una silla y a la hora de interrogarlos se encendían lámparas que estaban directas a la cara para que no supieran con quién trataban. Se les exigía que hablaran y se les decía que serían enviados al Campo Militar [número 1], y lo complicado que era. Se les hablaba del pocito, de toques eléctricos o el tehuacanazo que daban en el Servicio Secreto.

"[Los guerrilleros] no se dejaban agarrar tan fácil. Había enfrentamientos, caían muertos, y al tratar de identificarlos, en muchos casos, me consta que no traían su verdadero nombre y que los enviaron al Servicio Médico Forense (Semefo); que sus familias nunca los recogieron porque no traían su verdadera identificación. De ahí, obviamente fueron a dar a la fosa común. Ahí están los desaparecidos. Son los muertos que se mandaron con otro nombre al Semefo y que fueron muertos en la calle. Los agentes y policías muertos sí tuvieron nombre, sí le puedo decir dónde están enterrados.

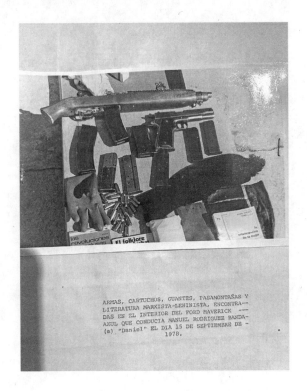

ARMAS, CARTUCHOS, GUANTES, PASANONTAÑAS Y
LITERATURA MARXISTA-LENINISTA, ENCONTRA-—
DAS EN EL INTERIOR DEL FORD MAVERICK —
AZUL QUE CONDUCIA MANUEL RODRIGUEZ BANDA-
(a) "Daniel" EL DIA 15 DE SEPTIEMBRE DE –
1978.

—Se dice que hay cientos de desaparecidos.

—No es cierto, no es cierto. Si cuenta los del 2 de octubre, los del 10 de junio [de 1971] y los de los guerrilleros, yo digo que no llegan a 100.

—Entonces, ¿qué pasó con las madres que marchan en busca de sus hijos?

—Muchos por consigna de su familia se dieron por muertos.

—¿Y los más de 500 que menciona la Comisión Nacional de Derechos Humanos?

—¡¿Y cómo los comprueba?!

10

Cuestión de tigres

Nazar Haro tenía un tigre de Bengala en las instalaciones de la DFS. Se llamaba Bengala. Del felino existen registros fílmicos: fue grabado en el documental que el Tigre mandó producir durante el gobierno de José López Portillo para mostrar el entrenamiento de sus agentes y las instalaciones que poseía la corporación frente al Monumento a la Revolución.

—¿En su labor como investigador llegó a cometer excesos?

—Si llama exceso lograr que alguien hable, sí. Yo tenía un tigre en la oficina. Los hermanos Bursa lo entrenaron y lo mantenían manso.

"Si me decían: '¡No, yo no sé nada, no tengo nada de que hablar!', respondía: 'No, no hables conmigo, habla con el compañero tigre'. ¡Ja, ja, ja, ja, ja!

—¿Usted era *duro* al interrogar?

—Pues ésa imagen me dieron. Quizás por el tigre. Aunque el animal no hacía nada, estaba echado todo el día. Luego se lo prestaba para hacer su show a Olga Breeskin [una afamada vedette de los años setenta que se convirtió en estrella de la farándula). ¡Fueron épocas bonitas!

—En ese concepto de patria que usted tiene, ¿mató por la patria?

Guarda silencio un instante. Respira profundo antes de responder:

—Usted se refiere a que si agarro a la persona y la mato. No, no… ¡Ah!, ¿en combate? Sí.

—¿En afán de sus ideales anticomunistas era capaz de matar?

—Sí, claro. No tengo otro país. Aquí nací y así me enseñó mi padre siendo extranjero: "Ésta es tu patria porque aquí ves el sol".

"En mi lenguaje mal hablado y lo que quiera, pero eso se me enseñó comiendo en la mesa con mis hermanos. Mi padre me explicó por qué era feliz en México. Hizo su vida tras haber llegado sin hablar español, vendiendo de puerta en puerta en abonos. Como todos ellos [los migrantes].

—¿Usted aplicaba mano dura?

—La mano dura la aplicaban en el Servicio Secreto, en la policía del Distrito. Al principio los encerraban y, si se les antojaba, los dejaban 10 días en sus instalaciones.

—¿Operaba usted con el tehuacanazo, el pocito, el chile piquín?

—¿Qué era el pocito?

—Hundir la cabeza de un detenido en un sanitario…

—¡Ah, el buzo! Son buzos. Había una anécdota en el Servicio Secreto: un día agarraron a un ladrón de alhajas y no quería decir nada, y ¡órale, unos buzos!

"Le metían la cabeza a la cubeta llena de agua. Luego de algunos minutos suspendían la inmersión y le preguntaban: '¿Qué pasó con las alhajas?'. El ladrón respondía: 'Es que no las encuentro'. Era un ratero experimentado, aguantaba la respiración. Así lo tuvieron hasta que confesó.

"Otro caso ocurrió en Monterrey. Dicen que detuvieron a uno y lo subieron a un segundo piso para interrogarlo. Le metieron la cabeza en una cubeta durante el interrogatorio. Un agente le dijo a otro: 'Oye, Luis, trae las películas [al detenido], me dicen que están muy buenas, ¿ya las viste?'. 'No, pero voy a verlas'. El detenido ya estaba haciendo *gargaritas*. Y se preguntaron: '¿Ahora qué hacemos?'.

"Y se les murió. Lo vistieron, lo acercaron a la ventana y gritaron: '¡Muchacho, no te avientes!'. Lo hicieron para llamar la atención de los policías que estaban en el lugar y luego lo aventaron. El ministerio público ordenó la autopsia y se descubrió que tenía los pulmones llenos de agua.

—Era cierto que esos métodos se aplicaban por parte de la policía mexicana…

—Mucho de los toques y todo eso. Pero a mí me consta que hubo consignados que se quemaban con un cigarro. El delincuente es muy mañoso. Es más mañoso que el policía.

—¿Cómo actuaba usted?

—Yo platicaba con ellos. Les decía: "Tengo estas pruebas contra usted, mi amigo". Por eso piensan que soy duro. Si querían que les demostrara que las pruebas eran reales, les contestaba: "¡Piénselo ahora, mañana no voy a saber si tendrá tiempo de ponerse a pensar!".

—¿Cómo era el lugar donde interrogaba?

—En mi oficina. Era amplia.

"Por ejemplo, un día llegó un fugitivo, un miembro de la ETA al aeropuerto. Mis agentes que cubrían el aeropuerto y vigilaban la salida y llegada del personal descubrieron que el tipo era de la ETA y traía pasaporte chueco. ¡Me lo llevaron! Lo senté en la oficina, mandé llamar al jefe de seguridad de la embajada española.

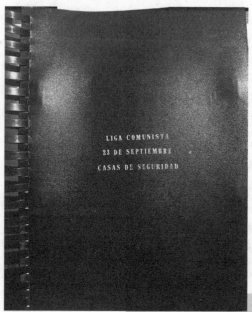

ARMAS Y CARTUCHOS DE DIFERENTES CALIBRES, PLACAS
DE CIRCULACION PARA AUTOMOVIL, LITERATURA COMU-
NISTA, PROPAGANDA ELABORADA POR LA LIGA COMUNIS-
TA "23 DE SEPTIEMBRE" Y DOS VEHICULOS MARCA FORD
FALCON Y DATSUN, ENCONTRADOS EN LAS CASAS DE SE-
GURIDAD UBICADAS EN CALLE ALDAMA No. 202, BARRIO
DE XALATLACO; PROLONGACION FCO. I. MADERO No. --

"'Amigo', le dije, '¡vamos a interrogarlo! Mire, usted llegó con pasaporte falso y ésta no es su identidad. ¿Me puede decir su nombre? O no me lo diga, ¿pa qué quiero yo saber su nombre? ¡Usted tiene pasaporte francés, y no es francés, es español. Te voy a quitar el pasaporte, no me digas tu nombre, pero te voy a deportar a España, no a Francia. Allá que los españoles te esperen en el aeropuerto'. Respondió: 'Me van a matar'.

"¡Me dijo todo! Esa misma noche lo deporté a Francia. ¿Dónde está lo duro? Y luego el rey de España me mandó una condecoración que nunca acepté. ¡Nunca!

—¿Qué es lo más duro que usted hizo? ¿Cuál considera que fue el mayor exceso que cometió a lo largo de su carrera?

—Nunca consigné a nadie que no fuera culpable, nunca martiricé a nadie. ¡Soy enemigo de la tortura, hombre!

—¿Con las manos qué hacía cuando interrogaba?

—Una vez hice la maldad a un conocido mío, de origen español. Fue y amenazó a los de un centro cubano. Me hablaron los cubanos, que eran amigos míos, y me dijeron: "¡Oye, este fulano vino y nos amenazó!".

"Entonces, cité al español. '¡Óyeme! Tú eres mi amigo, no andes haciendo esas amenazas porque un día te van a partir tu madre y luego vas a venir llorando'. Y que me levanta un acta, me acusó de tener una pistola detrás de unos libros.

—¿Llegó a encañonar a alguien en un interrogatorio?

—Sí, puede ser…

—Cuénteme un interrogatorio completo.

—Pero si ya lo platiqué…

—Sí, pero con un guerrillero, por ejemplo, que le haya parecido difícil de interrogar en esas fechas y lo que usted le decía.

—No fue guerrillero, fue el caso de una muchacha joven, de 17 años, hija de un diputado federal que fue de compras a una tienda. Pasó un coche, la jalaron y se la llevaron. El papá me dijo: "Le suplico que usted me ayude". "Yo no investigo estos casos, pero…". "Se lo suplico, soy diputado".

"Mandé un grupo a investigar. Total, en la reconstrucción de los hechos está la clave de todo: encontramos un testigo que nos reveló lo que observó: '¿Qué vio?'. 'Pues vi, pero no quiero problemas'. Entonces lo invité a comer y le pregunté: '¿Qué se le antoja?'. Una vez comiendo, regresé a las preguntas y nos informó lo que vio, y entre los datos que aportó nos proporcionó las placas del vehículo.

"Dimos con las personas que la secuestraron. Rescatamos a la muchacha. Uno de ellos la había violado. Al responsable me lo llevaron a la oficina y me dice: '¿Usted quién es?'. 'Soy el director de Federal de Seguridad'. '¿Sabe a quién detuvo?'. '¡No sé!'. 'Yo soy el Matasiete, conocido en toda la República'. 'Yo soy el Mataocho, hijo de tu madre'. Y saqué la pistola. Él se espantó. Después lo metieron en la cárcel y ahí lo mataron. ¿Fue mi delito?

—¿Comenzaba sus interrogatorios con groserías y golpes?

—Un día me tuve que vestir de sacerdote, para conocer lo que necesitaba, y le dije a un detenido: "Vengo a confesarte porque esta gente es muy mala y te van a matar. Dime realmente lo que hiciste y yo evito que te maten". ¡Confesó! ¡Teníamos 20 000 mañas!

—Se dice que en la DFS hasta incinerador tenían y que ahí se desaparecían los cuerpos de los detenidos…

—Por favor, era para quemar papeles. ¿Dónde creen que allí cabía gente? Es injusto lo que se dice. La hermana de López

Portillo fue a conocer la DFS y me dijo: "Esto parece un hospital". Yo no permití un rayón siquiera.

—A usted, como hombre, ¿había delitos que lo molestaban? ¿Cómo eran los interrogatorios con un violador o a quien consideraba un traidor a la patria?

—Una ocasión la policía me pidió colaborar en una investigación. Dos ladrones se metieron a una casa. Agarraron a la señora, la llevaron al baño y la violaron delante del marido, que lo tenían amarrado y después lo mataron.

—¿Cómo los interrogó?

—¡A esa clase de gente no la interrogo!

—¿Entonces?

—¡A ver, grupo fulano de tal, interroguen a éstos! ¡Hagan lo que quieran con ellos! Y los interrogaban los del Servicio Secreto.

—¿Y qué hacían?

—Unos toques. Los hubieran matado aunque no los consignaran.

—¿Cómo era con un guerrillero?

—¿Un guerrillero?¿Quiere que le diga cómo es un guerrillero? Es un tigre en la calle, criminal por la espalda, y cuando lo tiene uno detenido es un gatito. ¡Traidor! Son cobardes. En la calle matan por nada, lean los periódicos de ésa y de esta época, a los policías los matan por la espalda.

—Hay grupos civiles que afirman que usted mató a integrantes de grupos armados.

—N'ombre, no tengo los pantalones. No tengo por qué andar matando. A mí como subdirector, por ejemplo, una ocasión me llevaron a ver a uno que estaba en cama. Digo que era en mi calidad de subdirector porque tenía gente que interrogaba y los detenidos iban con los ojos vendados, entonces, ¿cómo sabían que era yo?

—A usted le cargan muertes, ¿dónde quedan Salomón Tanús y Francisco Sahagún Vaca?

—Investiguen. Yo soy muy hombre para señalar. No voy a decir fulano o mengano… Investiguen quién hizo algo. —Nazar sonrió—. Pues sí, me las cargan y me las seguirán cargando. ¿Por qué no van al cementerio y les preguntan a los muertos si yo los maté? ¡Agarraron un hilo muy delgado y lo quieren hacer mecate, mano! Todos los días "Nazar… Nazar…". Les va a ganar la muerte, me voy a morir antes, y entonces van a decir que tenía razón.

—¿Alguno de los interrogatorios que realizaron en la DFS fue filmado?

—Nunca, porque era una organización de inteligencia. No había que dar a conocer lo que se hacía.

"Una vez, una comisión de diputados fue a la DFS, porque el exdirector Manuel Rangel Escamilla, que se convirtió en legislador, les dijo que en la Federal se intervenían los teléfonos. Entonces, se formó una comisión de diputados para ir a checar. En ese entonces yo era el director de la DFS.

"Llegaron. Ordené que los dejaran pasar. Yo conozco a los hombres, a la gente. Ya tenía yo la relación de los diputados que iban a ir. Mi agente en la Cámara de Diputados me informaba con tiempo. También ahí había infiltración.

"Se me dijo: 'Van fulano, mengano y perengano'. Se consultó el archivo y me dieron 'las tarjetas' [esbozó una sonrisa].

"Fulano de tal vive en tal parte, fue fundador y miembro del Partido Comunista. Su esposa se llama fulana de tal, tiene tantos hijos; su amante es fulana de tal, vive en tal parte, es asidua a tomar coñac, come en tal parte.

"Cuando entraron a mi oficina les dije: 'Hola, soy fulano de tal'. A uno de ellos le pregunté: '¿Cómo está su esposa Alicia?'. 'Mi esposa no es Alicia'. '¿Cómo no?, ¿no vive usted en tal parte?'. 'Oiga', le dije a otro, '¿qué le encuentra usted al coñac que se toma dos botellas diarias?'.

"Así lo hice con cada uno.

"Procedí, entonces, y les dije: 'Díganme, estoy a sus órdenes'. 'Pues veníamos nada más a saludarlo'. Ya no quisieron revisar nada.

"Eso es inteligencia, es información. La información es poder. El periodista que tenga información tiene la dirección del asunto que busca tarde o temprano. Ése es el poder del gobierno. Sin información, ¿a dónde va?, a ningún lado.

"Nosotros teníamos información internacional también.

—¿Cómo combatían o hacían contrainteligencia a los agentes o ciudadanos extranjeros que se consideraban de riesgo para la seguridad del país?

—Teníamos conocimiento de todos los extranjeros que llegaban al país. Investigábamos las relaciones que tenían y luego se les vigilaba, y también se intervenía su teléfono, y de ahí hacemos un mundo, la liga de gente que los rodea, y se ponían micrófonos en su casa.

"En este país tiene usted contratada a una sirvienta a la que se le dice: 'Vengo de la luz a revisar el medidor', ja, ja, ja.

"¿En mi casa? ¡N'ombre, aquí sí tengo un filtro!

"Así se investiga, es cuestión de técnica.

"Había un embajador, no recuerdo si era de Polonia. ¡Cómo pasaba información de México a su país! Estaba bien informado.

"Siempre hemos querido evitar el choque diplomático. La inteligencia debe evitar problemas. Se debe ayudar al país para que no tenga ese tipo de situaciones.

"Nos dimos cuenta que este embajador era maricón, descubrimos que hablaba con su mayate, lo que hablaban, y supimos dónde se citaban, a qué hotel iban.

"Fuimos al hotel y lo tomamos bajo control. Ese día llegó primero el embajador. Acudió sin escoltas. Y luego se presentó el mayate, se hacía pasar como su amigo. Dijo que lo iba a buscar para darle un recado y se metió.

"Nosotros estábamos en la recepción, entre los botones y en atención al huésped. Les dimos tiempo, luego abrimos la habitación: los encontramos en el lecho. Fotos… clic… clic.

—Era el poder.

—¡Claro! Al día siguiente lo fui a ver: "Señor embajador, ¿quiere ver alguna de las fotos que tenemos?". "¿Qué quieren?, ¿dinero?". "No, queremos que se vaya del país secretamente, renuncie a la embajada, ¡y váyase!". Y ya, sin ningún problema diplomático.

"En otra ocasión, hubo un ruso que enamoró a una secretaria de la Presidencia. La citaba a desayunar y todo. Nos dimos cuenta. Entonces, después del desayuno... ¡En paz descanse! Había un agente que era un auténtico indígena. Así, vestido de indígena, tropezó con él. El enviado de la DFS empezó a decirle: 'Usted me pisó'. 'No, perdón'. 'Sí, usted me pisó'. 'No, no'. 'Perdón', decía el ruso. 'Yo soy funcionario de la embajada soviética'. Sacó su credencial. El agente la tomó y salió corriendo con su identificación y su cartera. El ruso pidió ayuda a un policía. '¿Por qué grita?'. 'Soy funcionario de la embajada'. 'Identifíquese'. 'No pues no tengo nada con qué hacerlo, me la robaron'. 'Está loco', se dijo. Y se ordenó que fuera llevado a Migración.

"La embajada rusa lo andaba busque y busque. Se les dijo entonces que por ahí había un ruso en Migración, pero les dijimos: 'Está loco porque dice que tiene información de la Presidencia, de lo que se hace en Presidencia, de cómo se mueven varios funcionarios en la Presidencia. Nosotros creemos que está loco, pero ustedes dicen a lo mejor es el funcionario que buscan, pero no trae ninguna credencial ni nada'. En la embajada dijeron: 'Sí es'. 'Pues llévenselo a su país, creemos que está mal de la cabeza, porque por lo que ha dicho de México creemos que está loco'. Y lo sacaron del país. No hay problemas diplomáticos sabiéndolos manejar.

—¿Usted participó en la expulsión de agentes soviéticos asignados a México?

—Así fue. Porque realizaban espionaje en México, y porque a través de su embajada fueron el conducto para que integrantes de la guerrilla se entrenaran en Corea del Norte.

Para Nazar, los agentes de la DFS tenían que ser unos tigres.

A 25 años de haber sido cesado al frente de la DFS, el Tigre señaló: "Nada quiero, nada pido. Que me dejen morir en paz, que me olviden, me han agarrado de bandera. Que me olviden, no quiero ser nadie más. Ya me tocó vivir una época difícil, me tocó resolverla. Que me olviden".

11

Café turco

Al paso del tiempo, durante las entrevistas en casa del Tigre, se volvió costumbre que consumiéramos varias tazas de café turco. Una bebida muy apreciada por los libaneses y sus descendientes.

El aromático es considerado un acto de socialización, de gran importancia en lo cultural, político y religioso.

En casa de Miguel Nazar el café se elaboraba y presentaba con las especificaciones que él tenía establecidas.

De manera muy tradicional, se servía en tazas pequeñas llamadas *fincan*. El fuerte aroma y sabor acompañaban la versión de su vida, su trayectoria y remembranzas. También, los cuestionamientos en torno a su actividad, los señalamientos de su participación en actos de desaparición o tortura, espionaje, su entrenamiento y el desarrollo de la DFS.

Así, cuando nuestros encuentros se daban en la sala de su casa en la colonia Las Águilas, de la Ciudad de México, las tazas de café turco se convertían en mudos testigos de sus revelaciones, al igual que las dos fotografías que colgaban en una de las paredes: los retratos de él y su esposa María Antonieta Daw, y una escultura de san Miguel Arcángel, de tamaño natural, tallada en madera por artesanos de Puebla.

Cuando las entrevistas se hacían en el comedor, nos sentábamos en una mesa elaborada con raíz de maple o arce, cuya característica principal eran marcas naturales que parecían formar decenas de corazones.

Si las conversaciones tenían lugar en la pequeña estancia del jardín, construida durante su prisión domiciliaria, destacaba, además de una mesa con los diarios del día, una cabeza de tigre de Bengala colocada en una de las paredes y rosales de flores rojas y blancas, un árbol de naranjas y, al horizonte, una barranca.

"No le encontré pasión al comercio. Mi padre me regañaba porque nunca entendí lo que era un negocio a pesar de llevar sangre fenicia. Mi suegro me ayudó a poner un local en el Centro de la Ciudad de México, pero antes de un año le dije a

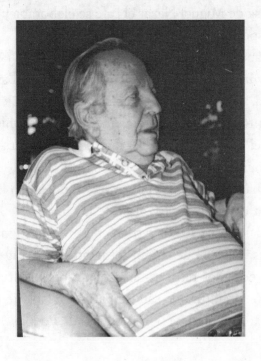

mi mujer: 'Prefiero buscar mi vida y no deberle nada a nadie'. Devolví el local".

Antes de convertirse en agente, el Tigre intentó ser actor. Era buen bailarín. Buscó, junto con Mauricio Garcés, ser contratado por Televisa, pero no lo logró. Mauricio Garcés sí.

El 5 de septiembre de 2007, durante unos minutos participó en la conversación María Antonieta Daw:

—¿Su esposo era celoso?

—¡Mucho!

Miguel Nazar agregó:

—¡Mucho! Una vez de novios, salimos de paseo y un tipo que venía en un coche gritó: "¡Güey, qué buena la llevas!". Corrí y lo alcancé en la siguiente esquina. Bajé al tipo del coche y ¡pum! Ahí lo dejé tirado. Así de celoso. Era un complejo, pero el tiempo te va a enseñando que no debes serlo.

Decidí preguntar por alguna anécdota en torno a Mauricio Garcés:

—¿Es cierto que alguna ocasión su esposo tuvo una dificultad con él?

—¡Sí! —me respondió María Antonieta Daw.

El nombre real de Garcés era Mauricio Feres Yazbek, descendiente de una familia libanesa asentada en México. En 1950 se convirtió en actor gracias a la amistad que sus padres tenían con reconocidos personajes de la época y del mismo origen, como Antonio Badú y su tío, el productor Antonio Yazbek.

El eterno soltero fue primo lejano de Maria Antonieta Daw. Durante su juventud él pretendió que ella fuera su novia. Para entonces, Miguel Nazar ya tenía una relación con ella y la había elegido como su compañera de vida.

Las pretensiones de Mauricio provocaron que el Tigre lo golpeara y de esa manera pusiera fin a todo intento de conquista por parte del actor.

"María Antonieta", mencionó Nazar frente a su esposa, "me impulsó siempre, y aunque sufrió el nerviosismo de no saber si regresaría con bien a casa, toleró muchas veces que sólo pudiera preguntar por los hijos en la distancia".

"Mi mujer aguantó todo lo que la hice sufrir hasta que encontré mi carrera, para lo que había nacido, me gustó la investigación; sufrió conmigo las penalidades de mi trabajo.

"El apoyo de mi esposa y nuestros hijos fue fundamental, particularmente cuando me fui de bracero a Estados Unidos".

Se debe advertir que, de manera paralela a la historia contada por Nazar Haro, corre la versión de que él huyó en 1952 a Estados Unidos tras haber participado en un atentado en contra del candidato a la presidencia de la República, Miguel Enríquez Guzmán, que supuestamente se ejecutó por órdenes de Adolfo Ruiz Cortines, a la sazón presidente, de 1952 a 1958.

La versión de Miguel Nazar es que se fue de "mojado" a Estados Unidos:

"Comencé trabajando como ayudante en la empresa IBM. Luego vi un anuncio en el periódico. Una escuela de baile necesitaba un maestro de tango.

"Acudí a la escuela de baile. Me pagaban un dólar por hora. Pero iban puras viejitas, entre ellas, enfermeras que fueron a la guerra.

"Un día, al estar con una enfermera en el *one, two, three*, y realizar una quebrada, una de sus piernas salió volando. Yo no sabía que tenía una pierna postiza a consecuencia de las heridas sufridas durante la Segunda Guerra Mundial.

"Me asusté y la solté. Ella cayó al piso y yo salí huyendo.

"Mantuve mi trabajo en IBM. Allí conocí que el dirigente del sindicato era masón, y me invitó a su logia. Cuando tenía dos semanas de hacerle a la masonería, me hablaron de México: mi hija Tani se puso muy grave. Tuve que regresar. De inmediato me dirigí al hospital infantil y pregunté por el estado de salud de Tani. Me dijeron que hubo una junta médica porque no sabían qué tenía, pero estaba muy grave y que en dos o tres horas podría morir.

"Aunque no me crean, lo que hice fue hincarme y dije: 'Virgen de Guadalupe, yo sé que tú puedes hacer el milagro. Si éste es mi castigo por haber entrado a la masonería, perdóname'. Tani recuperó la conciencia. Hay gente que no lo cree, pero yo ya no regresé a trabajar a Estado Unidos y prometí a la Virgen de Guadalupe que nunca volvería a renunciar a la religión católica. Fue milagrosa la manera en que mi hija se recuperó".

Luego, continuó su historia. Buscó ingresar a la policía, hasta que en 1960 se convirtió en agente de la DFS.

"Le puse pasión a mi trabajo e hice una carrera. Me escogieron para que yo operara como subdirector porque consideraban que era un hombre analítico. Había estudiado bien cuando estuve en Washington, en la Escuela Internacional de Policía. Ahí fue donde se me abrió la mentalidad de lo que es un investigador de inteligencia, necesaria en los países, y entendí que necesitamos conocer la situación económica, política y social".

Al convertirse en director de la DFS "perfeccionó" las técnicas de investigación y estableció, además de una reorganización de esa dirección, el sistema de espionaje, seguimiento e inteligencia. Así, en 1965, a su regreso de Escuela Internacional de Policía, creó el C-047, la principal estructura encargada de analizar, indagar e integrar los informes más sensibles y que sólo se hacían del conocimiento del director del organismo, del secretario de Gobernación y del presidente de la República.

A principios de la década de los ochenta, organizó la Brigada Blanca para combatir a los grupos guerrilleros en el país. Para él, parte de la estructura informal de la DFS la conformaban los periodistas. Eran "el ejército inconsciente de informantes", ya que, sin desearlo, sus publicaciones se convertían en indicios, en puntos de seguimiento de todos los personajes de interés.

De acuerdo con sus estimaciones, la DFS llegó a tener más de 400 informantes e infiltrados, que pasaban datos de universidades, sindicatos, organizaciones sociales, partidos políticos —"aunque el PAN no era de tanta importancia en los ochenta"—, de las propias instituciones gubernamentales, el Congreso, y algunos laboraban como obreros y servían para desalentar las protestas o reventar los movimientos gremiales.

De sus actividades y acciones, declaró en 2008: "No soy responsable, yo no cometí ningún crimen. Tampoco soy Judas ni voy a culpar a nadie".

Respecto de los grupos guerrilleros:

"Hubo una lucha, una lucha frente a frente. Perdimos. Ganamos en esa época y salimos perdiendo ahora, los vencedores vencidos. ¡Qué bonita chingadera!

"La Federal fue una gran institución, no la manchen. La Federal estaba compuesta por varios departamentos, entre ellos el de fotografía y archivo.

"Cuando llegué a director había cuando mucho 150 agentes. Así que empecé a diseñar, conforme a estudios que yo había hecho, cómo se desenvolvía el mundo, cómo los países se organizaban a través de un servicio de inteligencia para su seguridad interna.

"Escogí al tigre de Bengala como símbolo y lo hice para que la corporación tuviera unidad y respeto. Lo que necesitábamos para ser una hermandad era amor a la camiseta".

"Tras mi nombramiento como director solicité a Gobernación el cambio de la Federal a un edificio de plaza de la República y me lo dieron. Solicité medios de transporte: me proporcionaron dos autobuses, dos aeronaves, un jet (llamado El Tigre) y uno de turbohélice.

"Así, inmediatamente organicé y seleccioné agentes, les enseñé el amor al país, a la camiseta. La dignidad de ser agentes de la Federal.

"Desde el principio les dije que si las instalaciones no estaban limpias y que si a alguno se le ocurría pintar tan sólo una raya en la pared, los domingos volveríamos a pintar las paredes.

"Lo mismo ocurría si pintaban en el baño. Alguna vez pusieron un letrero mentándole la madre al que se sentara en uno de los excusados, y mandé a sentar a todos, hasta el que puso el letrero, que no se quería sentar.

"Aumenté los tiempos de arresto, si cometían algún error en los reportes, en la información que enviaban. También por cualquier invento que hicieran, como decir: 'Se me ponchó una llanta, llegué tarde'.

"Recuerdo a un agente que se presentó conmigo luego de que había inventado la información. Le tocaba cubrir un acto y no fue. En su reporte escribió lo que imaginó que ocurrió. Nada de lo que él decía había sucedido. Lo que no sabía era que había enviado a alguien más y, como tenía prohibido que entre agentes hablaran de sus encomiendas, descubrí su mentira. Le metí 15 días de arresto sin visita. La comida se le daba por parte de la Federal.

"La esposa del agente arrestado acudió a la oficina. La escuché: 'Oiga, no tengo para enviar los niños a la escuela, no tengo para el gasto'. Le di dinero para que solventara sus gastos, pero le pedí que no le dijera nada a su marido.

"Hubo un detalle: el guardia que llevó al agente al lugar donde se les mantenía arrestados me informó que cuando lo trasladaba dijo: 'Chingue a su madre el director', y también que estaba preocupado por la situación económica de su familia.

"Cuando terminó su arresto se fue a su casa y su esposa le informó lo que había hecho. Al día siguiente se fue a disculpar. Le dije: 'Tú me mentaste la madre y ahora me vienes a pedir perdón, no acepto tus disculpas'. 'Es que no me imaginé que usted fuera a ayudar a mi familia, ¿cómo remedio esto?'. 'Ahora miéntate la tuya para quedar a mano'.

—¿La DFS competía con la Dirección General de Investigaciones Políticas y Sociales (DGIPS)?

—Había competencia, pero la formó Gobernación para que de esa manera pudiera comparar el trabajo y establecer qué información era real. Se analizaban los reportes, y claro, la Federal era superior, tenía más medios, también más personal reclutado.

"En la Federal contábamos con un maestro de disfraz y así logramos sacar muchos casos. Nos convertíamos en inspectores de la Compañía de Luz o en barrenderos, y así podíamos introducirnos a las casas. La campana de barrenderos se convertía en un objeto importante para meternos a las casas o sitios donde se requería obtener información. Jamás Investigaciones Políticas fue superior a la Federal.

"Sin embargo, además de un problema directamente con Miguel de la Madrid, éste, por conveniencias políticas, me cesó en la Federal. De la Madrid le prometió a [Manuel]

Bartlett que [Antonio] Zorrilla se convertiría en el director de la institución.

"Después vinieron los problemas de Zorrilla [lo responsabilizaron del asesinato de Manuel Buendía en 1985]. Me llamó Bartlett y me preguntó mi opinión acerca de unificar la DFS y DGIPS y cambiarle el nombre. Le dije que ésa ya era una opinión política y se haría lo que él ordenara. Así se formó lo que hoy es el Cisen, en lugar de la DFS y DGIPS".

—¿Qué lleva a la debacle a la DFS?

—En mi administración la Federal nunca intervino en la persecución o investigación de narcotraficantes. Eso le competía a la Judicial Federal. Si nos llegaba alguna información de ese tema o algún sospechoso, se le enviaba a la PGR para que investigara. En mi etapa siempre cuidé que no interviniéramos en cuestión de narcotráfico.

—A raíz de las investigaciones y lo ocurrido en los años setenta y ochenta se le señaló, como a la DFS, de ser un canal de represión gubernamental.

—No, no era represión... A los que mandaban en el país se les informaba, se les mencionaba: "Esto es peligroso, señor; esto no es peligroso, esto es una manifestación sin pies ni cabeza, ésta es muy profunda". A través del director informamos al subsecretario de Gobernación. Él sabía a dónde canalizar las cosas.

—¿Los integrantes del C-047 eran como su mano derecha en cuestiones de inteligencia y análisis?

—Eran clave. Era un grupo muy especial. El más cerrado. Dependía del director, nada más.

—¿Contaban con equipo para traducir los códigos de los reportes de inteligencia que transmitían las embajadas a sus gobiernos?

—Sí, claro, y si era información que podía ser importante para el director o algún mando superior, inmediatamente se hacía la traducción y el reporte.

—¿En la DFS había espacios para interrogar?

—¡No hubo nunca! No había una celda. Para un interrogatorio se colocaba una silla, una mesa, un reflector. No era un separo.

—¿Cuánta gente se podía tener ahí?

—¿Detenidos? Cinco o seis.

—¿Cómo los mantenían?

—Sentados, parados, como fuera. Pero hay mucha fantasía en eso. Nosotros no necesitábamos celdas porque, si deteníamos, interrogábamos y consignábamos inmediatamente. La Procuraduría de la República nos enviaba gente para interrogarla.

—¿Ustedes por qué tenían que hacer el trabajo de la PGR?

—¡Porque como la Federal de Seguridad no había ni habrá otra institución igual!

La llamada Brigada Especial, mejor conocida como Brigada Blanca, se convirtió en la estructura policiaco-militar que desarticuló a los grupos guerrilleros. Sobre ello Nazar agregó:

"Yo fui el que como subdirector vio el problema de manera amplia. Cuando íbamos a un operativo nos enfrentamos entre corporaciones, no había coordinación. Por eso decidí formar una brigada.

"La diferencia entre un agente normal de la DFS y uno de la Brigada Blanca consistía en liquidar de noche. Ya sabían que no debían entrar a combate".

En el Archivo General de la Nación existe información precisa de este grupo y su estructura y operatividad en todo el territorio nacional:

BRIGADA ESPECIAL
CUADRO DE NECESIDADES

Personal
240 elementos

Vehículos
55 vehículos

Económicas
A. Compensaciones individuales ($3 000.00 mensuales extras)
B. Gastos generales (los que sean necesarios)

Combustibles y lubricantes
3 300 litros de gasolina por día (sería conveniente que Pemex satisficiera este combustible a la gasolinería del Campo Militar número 1, para que de ahí se surta a las unidades)
70 litros de aceite por día

Instalaciones dentro del Campo Militar número 1
A. Oficinas
B. Mobiliario
C. Artículos de oficina
D. Alojamiento para 80 personas (cada grupo de 80 personas descansaría 24 horas; otros estarían en entrenamiento y el resto en actividad, distribuidos en las áreas ya mencionadas)

Armamento y municiones
A. 153 pistolas Browning cal. 9 mm
B. 55 carabinas M-1

C. 55 escopetas cal. 12

D. 306 cargadores para pistola Browning

E. 110 cargadores de 30 cartuchos para carabina M-1

F. 15 300 cartuchos para pistola (dotación orgánica)

G. 30 600 cartuchos para pistola (adiestramiento)

H. 11 000 cartuchos para carabina (dotación orgánica)

I. 11 000 cartuchos para carabina (adiestramiento)

J. 2 750 cartuchos para escopeta (dotación orgánica)

K. 5 500 cartuchos para escopeta (adiestramiento)

Mantenimiento de vehículos
Es conveniente que los talleres de mantenimiento del departamento del Distrito Federal proporcionen este apoyo

Equipos de radiocomunicación
Un sistema de radio comunicación constituido por una central y 55 responsables
(se emplearían de momento patrullas de la Dirección General de Policía y Tránsito del Departamento del Distrito Federal)

Organización para operar
A. Grupos operativos
Constitución: cada grupo estará compuesto por 2 vehículos con 8 elementos y 1 motocicleta con 2 elementos, que operarán conjuntamente en su área designada
B. Grupos especiales
Tres grupos de localización y neutralización de artefactos explosivos, compuesto cada uno con 5 elementos y 1 vehículo
Grupo de acción integrado por 10 elementos con armamento especializado

C. Grupo aéreo
Operarán 2 helicópteros de la DGPT que funcionarán uno en el aire y otro en alerta terrestre, durante las horas de visibilidad

Áreas críticas
A. Área "N": Cuautitlán-Zumpango-Tlalnepantla
B. Área "NE": La Venta-Ciudad Azteca-Ecatepec-Campestre Guadalupana-Santa Clara-Xalostoc
C. Área "E": Cuchilla del Tesoro-Agrícola Oriental-Romero Rubio
D. Área "SE": Iztapalapa-Tláhuac-Churubusco
E. Área "S": Coapa-Xochimilco-Tlalpan
F. Área "SW": Álvaro Obregón-Magdalena Contreras
G. Área "W": Santa Fe-Olivar del Conde
H. Área "NW": Naucalpan-San Mateo-Atizapán

Programa de entrenamiento al que se sujetarán los integrantes de la Brigada Especial
A. Información y análisis sobre la integración, desarrollo y actividades de la llamada Liga Comunista 23 de Septiembre
B. Conocimientos sobre armamento y prácticas de tiro
C. Técnicas de seguridad
D. Entrenamiento físico y combate sin armas
E. Comunicaciones y codificación
F. Conducción de los vehículos en patrullaje
G. Conservación del equipo de trabajo

Explosivos
A. Fabricación de artefactos explosivos e incendiarios
B. Técnica de búsqueda y seguridad
C. Neutralización de artefactos explosivos

Técnicas de aprehensión y registro

A. Forma de efectuar una aprehensión, conociendo las tácticas, agresividad y fanatismo de los integrantes de la llamada Liga Comunista 23 de Septiembre

B. Técnicas de registro

C. Técnica de interrogatorio

D. Conducción de detenidos

12

Boina verde

—Quiero saber quién es Miguel Nazar.

—¡Ya me cansé de decírselo. Miguel Nazar es "simplemente María"!

A lo largo de las sesiones él jugaba con las respuestas a preguntas que le eran incómodas o que buscaban ir más allá en temas que consideraba sensibles. Siempre dijo que él no era ningún delator. Asumía que en los cargos que ocupó siempre el funcionario de menor rango debía ser fiel a sus superiores, callar y guardar secretos.

El 24 de noviembre de 2005, para eludir el tema de quién era Nazar, los señalamientos en su contra y el poder que le daba su posición en el gobierno, se refirió a una exitosa telenovela argentina que se transmitió en 1969 en el país sudamericano y que en México tuvo una adaptación difundida entre 1989 y 1990.

Comparó su vida con el argumento: una joven ingenua que decidió trasladarse de su pueblo a la ciudad en busca de mejores opciones de vida.

"A María la hacían una princesa, una reina, pero ella dijo: 'No, soy simplemente María. Ni soy reina ni princesa'. De verdad, así soy yo.

"Quiere que yo sepa todo, que yo diga las todas relaciones. Yo soy Miguel Nazar sencillamente. Ja, ja, ja, ja, ja, ja... Soy un policía común".

—¿Más común que policía?

—Pues dotado con un poquito de malicia. Dotado de la facilidad de investigar.

—¿Sus interrogatorios implicaban tortura psicológica? ¿No considera que hay distintas maneras de torturar?

Hizo un largo silencio. Sus ojos azules se tornaron penetrantes. Jaló aire y contestó:

—Entonces, ¿para usted todo es tortura?

—Le pregunto si es así.

—Lo que se hacía era un interrogatorio científico o psicológico.

—¿Lo que hizo tenía que ver con la seguridad nacional?

—¡Sí! Por ello aprendí a investigar e interrogar. Me di cuenta que era necesario aprender a combatir lo que sucedía en el país.

—¿Qué es para usted la seguridad nacional?

—Un aspecto muy importante. En nuestro país cada estado es diferente, es una república heterogénea. La población tiene su propia ideología y origen. Siempre se debe recordar que cuando le preguntan a alguien de dónde es, uno responde soy de Veracruz o de Hidalgo. No decimos soy mexicano, porque tenemos mucho arraigo a nuestra tierra y tenemos diferentes ideas, pero al fin y al cabo todos somos mexicanos.

"La seguridad nacional consiste en ver que el pueblo esté conforme, que no haya levantamientos, que el poder del gobierno no sea dañado. El estudio de la seguridad nacional debe ayudar a que el pueblo encuentre trabajo, alimentos compensados con su salario, evitar que intereses extranjeros intervengan en nuestra forma de vida. México es el país que tiene toda la materia prima necesaria para vivir y es un país deseado por todo mundo.

"¿Qué hacíamos nosotros? Pues evitar que intereses ajenos o que los mismos mexicanos opositores crearan una ideología contraria al gobierno o que tuvieran ideas diferentes por un libro de comunismo; entonces había quienes creían que ése era el mejor sistema.

"A fines de los años sesenta decenas de jóvenes comenzaron a entrenarse en países ajenos. Eso me llevó a estudiar cómo combatirlos.

—¿Cómo es que usted va estudiar contrainteligencia?

—En 1965, siendo director de la DFS, Fernando Gutiérrez Barrios me eligió para estudiar en la Academia Internacional de Policía. Me dijo: "¡Usted va! Por el color de los ojos o de su piel, ¡pero usted va!". Ahí estaban enviando a policías de todo el mundo. Por eso tomé el curso. Cuando regresé a México me ordenó hacerme cargo de un grupo de agentes y saqué muy buenas investigaciones.

En febrero de 2010, Nazar Haro me entregó un documento que consideraba su joya. El álbum académico del curso general número 16 que impartió la Academia Internacional de Policía del 30 de agosto al 17 de diciembre de 1965.

El álbum del recuerdo fue editado por la Oficina de Seguridad Pública de la Agencia para el Desarrollo Internacional (USAID), dependiente del Departamento de Estado del gobierno de Estados Unidos. Esta institución sirvió a distintos gobiernos para impulsar el intervencionismo militar estadounidense en naciones que, como México, enfrentaban en los años setenta y

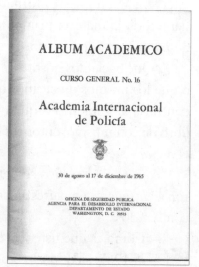

174

INSTRUCTORES VISITANTES
CURSO GENERAL INTERAMERICANO No. 16

- Sr. Jesse Baptista—Oficina de Chicago, Dirección de Narcóticos, Departamento del Tesoro
- Sr. George W. Chaney—Agente Especial, Servicio Secreto de los Estados Unidos, Departamento del Tesoro
- Sr. Robin J. Clack—Sub Jefe de Patrulla de Fronteras, Servicio de Inmigración y Naturalización, Departamento de Justicia
- Sr. Hugh Clayton—Departamento de Defensa
- Teniente Coronel Pierre A. Finck—Jefe, División Patología Ambiental Militar, Instituto de Patología de las Fuerzas Armadas
- Sr. William F. Florence—Base Eglin de la Fuerza Aérea, Florida, Departamento de la Fuerza Aérea
- Sr. Jesse James—Asesor sobre Programas de Coacción Legal para Niños y Jóvenes, Servicio de Delincuencia Juvenil, Departamento de Salud, Educación y Bienestar
- Sr. Herman Lerner—Oficina de Investigación de Operaciones Especiales
- Sr. Edward Martin—Instituto del Servicio Exterior, Departamento de Estado
- Sr. Darmit M. O'Neill—Base Eglin de la Fuerza Aérea, Florida, Departamento de la Fuerza Aérea
- Sr. Pendleton A. Richards—Director Divisional de Coacción, Dirección de Aduanas de Estados Unidos, Departamento de Justicia
- Coronel Russell A. Snook—Asesor, Oficina de Seguridad Pública, Agencia para el Desarrollo Internacional

LA ACADEMIA INTERNACIONAL DE POLICIA

La Academia Internacional de Policía—una institución patrocinada por la Oficina de Seguridad Pública de la Agencia para el Desarrollo Internacional—está ubicada en el 3520 de la Calle Prospect, N. O., de la Ciudad de Washington, D. C.

La finalidad de esta Academia es la de proporcionar a los dirigentes—tanto los de hoy como los del mañana—de las fuerzas policiales del Mundo Libre, una instrucción sobre los conceptos democráticos de la administración policial responsable y humana.

OFICIALES PARTICIPANTES
Curso General Interamericano No. 16
ACADEMIA INTERNACIONAL DE POLICIA

Héctor Manuel Parcellier
Comandante
Gendarmería Nacional
Argentina

Estelio Zoia
Comandante
Gendarmería Nacional
Argentina

Gilberto Yepez Almeida
Teniente Coronel
Policía Nacional
Ecuador

Miguel Nazar Haro
Comandante
Dirección Federal de
Seguridad
México

Antonio Llanes Salas
Comandante
Dirección Federal de
Seguridad
México

Orlando Guerrero M.
Capitán
Guardia Nacional
Nicaragua

ochenta del siglo XX el surgimiento de movimientos subversivos. El organismo contaba con el apoyo de la Agencia Central de Inteligencia (CIA).

De acuerdo con el directorio del archivo, el encargado de USAID era David E. Bell, quien en 1966 se convirtió en vicepresidente ejecutivo de la Fundación Ford. En tanto que el encargado de la Oficina de Seguridad era Byron Engle, quien fue director de la CIA.

Respecto a este organismo Clara Aldrighi, docente de la Facultad de Humanidades y Ciencias de la Educación y del Instituto de Historia de la Universidad de la República Uruguay, menciona en su estudio "El programa de asistencia policial de la AID en Uruguay (1965-1974)":

> El programa de ayuda a las policías civiles de todo el mundo fue creado en 1955 por voluntad del presidente Dwight Eisenhower, mediante una resolución del Consejo de Seguridad Nacional. Durante los primeros años fue conocido como Programa 1290-D; posteriormente, adoptó el nombre de Programa de Seguridad Pública (PSP). Su objetivo era proveer asistencia y entrenamiento a las policías de los países en vías de desarrollo para que lograran combatir eficazmente "la subversión y el terror comunistas".

A lo largo de las diversas entrevistas, Nazar Haro insistió en que él no se entrenó en la Escuela de las Américas. En ella el gobierno de Estados Unidos capacitó durante 38 años a miles de militares latinoamericanos en acciones de contrainsurgencia, entre ellos, 33 mexicanos, de acuerdo con los registros de esa institución que funcionó hasta el 30 de septiembre de

1984. Entre los integrantes del Ejército mexicano que se capacitaron en ella estuvo Mario Arturo Chaparro Escápite.

Sin embargo, el Tigre hizo revelaciones importantes sobre su capacitación en Estados Unidos. Solamente en dos ocasiones reconoció haber sido capacitado por el gobierno estadounidense en una institución distinta a la Academia Internacional de Policía y en la que se impartían cursos antiguerrilla: en Fort Bragg.

—¿Cuáles fueron las técnicas que le enseñaron en Estados Unidos?

—En la Academia Internacional de Policía: análisis de los problemas internacionales, interrogatorio científico, análisis de operación, técnica y tácticas para contrarrestar.

"En el curso participaron agentes de todo el mundo, inclusive había un tal Nazadi, que le tocaba estar sentado junto a mí, de Egipto.

"Durante la graduación, yo entendí que Nazadi pasara a recibir su condecoración. Yo lo felicité. Pero entonces desde el presídium gritaron: 'Nazar el de México'.

"Yo no estuve en la Escuela de las Américas, [que] estaba en Panamá. Yo no conozco Panamá. Yo estuve en Washington, en la Escuela Internacional de Policía, que era una filial de la CIA, y luego tomé un curso en el FBI, y luego estuve en Fort Bragg.

"Siempre dicen que yo estuve en Panamá porque hay una fotografía en la que aparecen unos militares de espaldas, y uno de ellos es más o menos de mi estatura o mi complexión, pero juro por mi madre, mi esposa y mis hijos que jamás estuve en Panamá. Estuvo Acosta Chaparro".

En los años sesenta y setenta Fort Bragg se convirtió en campo de entrenamiento para militares latinoamericanos.

Durante su estancia fueron adiestrados por los llamados Boinas Verdes. Soldados estadounidenses especializados en misiones de contrainsurgencia (denominadas "operaciones en la jungla"), ejercicios tácticos y prácticas militares contra los grupos guerrilleros urbanos y rurales, que incluían labores psicológicas, de inteligencia y contraespionaje.

—Se le ha señalado de ser agente de la CIA...

—De la *sía* [silla] donde estuve sentado varios años. Yo era agente de la silla. Ja, ja, ja, ja, ja. N'ombre, incluso la Cámara de Diputados investigó esa versión. Hay un libro que se llama *Inside* de la CIA en México, hay que ver ahí a quién se menciona. El libro es de un desertor de esa agencia en México. En el texto se señalan los nombres claves de quienes eran los agentes de la CIA. Allí se menciona al señor de San Jerónimo [Luis Echeverría].

—También se menciona que los reportes de la DFS eran enviados a la CIA...

—Había intercambio de información y se hacía desde el alto mando de Gobernación. Los reportes se le entregaban al secretario y al presidente.

—También se le ha señalado como traficante de autos.

—¡Mire, amigo! En este pinche país, en lo que respecta a su gente, no al país, la envidia es lo que consume.

"Yo llevaba una trayectoria muy bonita. Automáticamente iba para subsecretario de Gobernación. Automáticamente, porque tenía fama por donde quiera, fama limpia, y alguien metió una nota en un diario de San Diego que decía: 'El director de Federal de Seguridad es traficante de autos'. Fui a Estados Unidos a demandar que fui objeto de difamación de honor y demandé al periódico.

"¡Uy, qué error! Fui ante el Gran Jurado y no había quien me acusara. Demandé el pago de ocho millones de dólares, y me responden que se consideró que la identidad de quien me señaló era un asunto *top secret*, y que no se me podía informar quién me acusaba. Alguien manejó eso, era de alto poder político en México y lo hizo para que no llegara a subsecretario.

"Si hubiera sido de la CIA ni siquiera el caso hubiera llegado al Gran Jurado. Las autoridades de Estados Unidos no pidieron extradición ni nada. ¿Usted cree que si hubiera sido cierto no me habrían perseguido?

"Eso fue en 1982. ¿Cuántos años han pasado y no me hicieron nada porque no debía nada. Pero sí me quemaron, ahí empezó la mano oscura. Yo sé quién del gobierno de entonces, pero algún día pagará.

Era el 2005 cuando tratamos este tema.

—¿Esa persona sigue teniendo poder?

—No.

—¿Esa mano sí llegó al cargo de subsecretario?

—No.

—Según usted, ¿cuántas manos oscuras se movieron para que su trayectoria se viera empañada?

—Muchas. En primer lugar, tuve muchas envidias desde Gobernación, desde la jefatura de policía, en ese entonces de Durazo, de Sahagún Vaca, y hoy de alguno que es expresidente.

—¿Hoy expresidente?

—Sí.

—¿Fue el mismo que puso fin a su carrera como policía?

—Sí.

En otra entrevista, Nazar señaló a Miguel de la Madrid como el exfuncionario y luego presidente que puso fin a su

179

carrera. Según él, la causa fue haberle dicho pendejo por haber revelado los resultados de una investigación que estaba destinada a ser sólo del conocimiento del presidente José López Portillo.

13

Sedena: Campo Militar número 1

El crecimiento de los grupos guerrilleros en México fue consecuencia de la inconformidad social y respuesta a la violenta represión gubernamental que vivieron distintos movimientos sociales durante muchas décadas.

En el mundo se extendieron las luchas estudiantiles y en América Latina el comunismo influyó a universitarios y campesinos mexicanos que se organizaron en diversos movimientos antigubernamentales.

La masacre del 2 de octubre fue una, si no es que la causa principal de que un sinnúmero de estudiantes se unieran a los grupos guerrilleros existentes y a otros que después surgieron en Chihuahua, Sinaloa, Nuevo León, Jalisco, Guerrero, Oaxaca, Baja California, y que operaban en las principales ciudades del país y en las zonas rurales.

La creciente expansión y acción de las organizaciones armadas "llegó a ser considerada un riesgo" para la estructura gubernamental, dijo Miguel Nazar Haro.

En enero de 2006, el Tigre señaló que los estudios elaborados con información obtenida por agentes infiltrados consideraban que, durante los años setenta y ochenta del siglo XX, en el país los grupos armados estaban integrados por unos 700 hombres; que su capacidad de organización y de fuego había aumentado de manera significativa, mientras que los cuerpos policiacos operaban de manera desarticulada y hubo ocasiones en que sus elementos se enfrentaron entre ellos. Debido a esto —afirmó Nazar Haro— sugirió la Brigada Especial, "fueron ellos, los guerrilleros (particularmente por la denominación de la Brigada Roja de la Liga Comunista 23 de septiembre), que se le conoció como Brigada Blanca al grupo especial conformado por elementos de todas las policías del país.

"Gutiérrez Barrios era subsecretario de Gobernación [cargo que ocupó del 1 de diciembre de 1970 hasta noviembre de 1976, por designación de Luis Echeverría]. Él ordenó que interviniera la DFS en la lucha antiguerrilla.

"En mi caso, como subdirector, vi el problema con mayor amplitud y analicé que la desorganización policial era uno de los problemas gubernamentales que teníamos. Los agentes no nos conocíamos entre sí. Había que formar un cuerpo que pudiera unificar los esfuerzos. Entonces se autorizó la formación de la Brigada Especial. Convocamos al jefe de la Policía Judicial del Distrito Federal, de la Policía Auxiliar, de la Montada, y se sumaron elementos de las entidades. Se formó la Brigada con militares, y entonces [Francisco] Quirós [Hermosillo] se hizo cargo de la cuestión operativa.

"Comenzamos con una reunión en la Secretaría de Gobernación. Yo asistí como representante de la DFS; [Arturo] Acosta Chaparro y [Francisco] Quirós Hermosillo con la representación de la Secretaría de la Defensa Nacional; participaron los directores policiacos, entre ellos, el del Estado de México, y por el Distrito Federal, obviamente, [Arturo] *el Negro* Durazo.

"Allí se nombró como líder del grupo que iba a operar desde el Campo Militar número 1 a Quirós Hermosillo. Todas las corporaciones comisionaron gente. Eran los mejores de cada corporación.

"Yo fui el creador de la Brigada, el que hacía inteligencia, pero se necesitaba la mano dura de la represión, entonces nombré encargado al entonces coronel Quirós Hermosillo y, como segundo al mando, a Arturo Acosta Chaparro, quien se desempeñaba como jefe de la Policía Militar. Así nos coordinaría al Ejército en toda la República.

"La Liga Comunista 23 de Septiembre empezó a provocar al Ejército. Había mucho asalto bancario en Guadalajara, Michoacán, Guerrero, la Ciudad de México, el Estado de México, Guanajuato y Sinaloa. Entonces, las zonas militares dispusieron que los soldados también vigilaran los bancos, y los miembros de la Liga pasaban y, ¡pum, pum!, mataban a los soldados. Hubo muchos militares y policías caídos. De ahí se vino la represión más dura".

—México era un Estado policiaco en aquellos años...

—¡Nooo! ¡Era un Estado de derecho! Un país que progresó después de la Revolución al constituirse el Partido de la Revolución Mexicana (PRM) con Lázaro Cárdenas en 1938. Ese partido, que luego se convirtió en el PRI, hizo de este país una nación admirada por todo el mundo.

"¡Hombre! Un día un jefe de la policía alemana fue a saludarme y me preguntó: '¿Cómo es la DFS?'.

"Le enseñé el organigrama y me dijo: 'Esto es la Gestapo' [policía secreta de la Alemania nazi]. ¡Gestapo, Gestapo! ¡Hombres con un sueldo de 2 000 pesos! ¡Así ni las piedras tienen agua ni los moros traen machete!

"Había un área de infiltración, una de combate directo y personal operativo; otra de análisis de información, una de mando y de operaciones.

"Los de la Brigada estaban entrenados para enfrentamientos. La Federal de Seguridad analizaba la información y la transmitía a la Brigada. Había grupos: uno operaba como guardia nocturna y otro actuaba de manera diurna. El área de investigaciones actuaba con los datos que se obtuvieran y tenía un grupo que denominábamos 'de acción'".

Durante las entrevistas, en varias ocasiones Nazar dio su versión de la manera en que actuaban la DFS-Brigada Blanca y la Liga Comunista 23 de Septiembre:

"Obtuvimos datos de una casa de seguridad de la Liga, entonces los agentes llegaban y la rodeaban.

"Hubo guerrilleros que desde las ventanas tiraban granadas. Tenían armas como las del Ejército; algunas las habían robado durante los ataques a los militares y policías.

LA ACADEMIA INTERNACIONAL DE POLICIA

La Academia Internacional de Policía—una institución patrocinada por la Oficina de Seguridad Pública de la Agencia para el Desarrollo Internacional—está ubicada en el 3520 de la Calle Prospect, N. O., de la Ciudad de Washington, D. C.

La finalidad de esta Academia es la de proporcionar a los dirigentes—tanto los de hoy como los del mediano—de las fuerzas policiales del Mundo Libre, una instrucción sobre los conceptos democráticos de la administración policial responsable y humana. Los programas de la Academia están concebidos con el fin de proporcionar a los participantes los conocimientos necesarios para reforzar la capacidad de las fuerzas policiales de sus respectivos países; para asegurar el efectivo cumplimiento de las leyes y el mantenimiento del orden público con el mínimo uso de fuerza; para hacer frente a la subversión y a la insurrección; y para mejorar el carácter y la imagen de la policía y lograr su unión máxima con la comunidad.

El cuerpo de alumnos es alentado a intercambiar libremente sus experiencias e ideas. El mismo objetivo se trata de lograr en las sesiones de seminario.

El cuerpo docente de la Academia Internacional de Policía está integrado por personal altamente calificado, con muchos años de experiencia práctica en el campo policial, tanto en los Estados Unidos como en el extranjero. También tenemos algunas materias cuya enseñanza está a cargo de personas provenientes de organismos policiales federales, estatales y municipales, de universidades y otras instituciones de enseñanza privada y de la industria nacional. El apoyo brindado por los departamentos de Defensa, Justicia, Tesoro y Estado es tal, que asegura que el logro de los objetivos de instrucción de la Academia sea un esfuerzo cooperativo en el nivel Federal.

Se efectúan visitas a organismos policiales federales, estatales y municipales, así como a las apropiadas dependencias de las fuerzas armadas de los Estados Unidos, con el fin de que los participantes puedan observar personalmente cómo actúan esos organismos. Estas visitas tienen un beneficio adicional: los participantes tienen así una oportunidad para ver otras regiones de los Estados Unidos y conocer a los habitantes de esas zonas.

El programa de conferencistas invitados sirve para brindar a los alumnos un programa aún más completo. Funcionarios importantes—tanto del gobierno de los Estados Unidos como de países extranjeros—y personas de fama reconocida en el campo profesional policial, son invitados frecuentemente a hacer uso de la palabra frente a los alumnos de la Academia. Cada una de esas conferencias es seguida por una reunión de carácter social que permite que el alumno platique personalmente con el conferencista invitado.

Esperamos que el conocimiento y el entendimiento mutuos generados durante la asistencia a la Academia habrán de promover un espíritu de continua cooperación y amistad entre los alumnos participantes de estos cursos y los países que ellos representan.

"Una vez que se les rodeaba, no pasaba ni agua ni comida y se ordenaba que les cortara la luz ¡hasta que se rindieran! ¡Y no se rendían!

"Entonces se combatía y combatía. ¡Era una lucha muy dura hombre!".

En ese contexto, el Campo Militar número 1 jugó un papel relevante en el combate a los grupos guerrilleros, ya que sirvió de cárcel clandestina y de centro de interrogación y tortura.

La actuación de la DFS inicialmente se concentró en detectar a los estudiantes que, tras la matanza del 2 de octubre en la plaza de las Tres Culturas, en Tlatelolco, se convirtieron en posibles integrantes de los grupos guerrilleros.

"Desde 1968 se buscó a los estudiantes desertores [de las universidades] en toda la República. Se tuvo que investigar en dónde estaban. Eso sirvió también para encontrar a jóvenes que estaban trabajando, que habían estudiado, por ejemplo, hasta cuarto año de medicina, y se desempeñaban en algún oficio.

"Los reclutábamos, eran cerebros, y a los cerebros había que conquistarlos. Les decíamos: 'Vente a trabajar a la DFS con el grupo de inteligencia'. Yo invité a muchos, y muchos terminaron su carrera siendo al mismo tiempo agentes de la Federal de Seguridad. Tengo reconocimientos, entre ellos, el de una muchacha que desertó en 1968 cuando cursaba el segundo año de medicina; quiso seguir estudiando y siendo agente lo hizo en la Universidad [UNAM]".

La DFS y la Brigada Blanca combatían a todos los grupos de tendencia comunista; la literatura que involucrara temas de marxismo, leninismo y maoísmo, se consideraba peligrosa, y, por ello, luego de los ataques a las casas de seguridad, se tomaban fotografías que presentaban en planos importantes los libros que se aseguraban en el lugar junto con armas y municiones. Las actividades de la Brigada Blanca no sólo se llevaban a cabo en zonas urbanas. Hubo ataques en comunidades rurales y Guerrero fue una de las entidades de mayor afectación. Los detenidos eran llevados a instalaciones castrenses, particularmente al Campo Militar número 1.

En las páginas 332 y 491 del informe final de la extinta Femospp aparecen los siguientes registros:

La Sedena informa que en la Operación Telaraña, el domingo 11 de julio de 1971 fueron detenidas por el capitán 2.º de Infantería Tomás Audón Vega Navidad y el subteniente de Infantería José Rodríguez Morelos las siguientes personas en el poblado de El Refugio: Cliserio de Jesús Argüelles, Apolonio Fierro Baltasar, Gabriel Fierro Baltasar, Jesús Fierro Baltasar, Maximino Fierro Baltasar, Victorio Fierro Baltasar, Adelaido Hernández Castro, Saturnino Venegas Corona. Los detenidos fueron trasladados al cuartel del 32 Batallón de Infantería con sede en Atoyac y más tarde al Campo Militar número 1.

De marzo a mayo de 1974, el número de casos de personas detenidas se eleva de manera alarmante. En ese periodo fueron detenidos: Jacobo Gámiz García, detenido el 13 de marzo de 1974, en Acapulco, recluido en el Campo Militar número 1 y desaparecido; Israel Romero Dionisio, detenido y desaparecido en marzo de 1974. Tenía 14 años cuando fue detenido en un retén de la PJF en los Bajos del Ejido, Atoyac, junto con José Luis Orve Ramírez. Ambos fueron enviados al Campo Militar número 1. Miguel Ángel Cabañas Vargas y Rodolfo Molina Martínez fueron detenidos en San Andrés de la Cruz el 7 de abril de 1974. Quedaron a disposición de la Zona Militar y enviados al Campo Militar número 1, donde fueron interrogados por la DFS.

Rodolfo Jesús Ávila González también fue detenido en abril, en el DF, y acusado de pertenecer al Partido de los Pobres. José Flores Gervasio y Gabriel Sotelo Guillermo fueron detenidos el 15 de abril. José Flores fue remitido al Campo Militar número 1.

Erasmo Cabañas Tabares fue detenido [y] desaparecido el 27 de abril de 1974. Era peluquero y, conforme a la IPS [Dirección General de Investigaciones Políticas y Sociales,] su delito fue el parentesco que tenía con Lucio. Se tiene la queja de la detención

SEDENA: CAMPO MILITAR NÚMERO 1

[y] desaparición, en estas fechas, de las siguientes personas: Alejandro Gómez Serafín, José Armando Chávez Pérez, José Garay e Hipólito Nava Antonio.

El 10 de mayo el Ejército realizó un operativo en El Edén, Atoyac, en el que llegaron cuatro pelotones y se llevaron a cinco gentes. A María Adame de Jesús, que fue liberada a los 15 días, y a cuatro jóvenes que estaban jugando basquetbol en la cancha, entre ellos, sus dos hermanos Ruperto Adame de Jesús y Vicente Adame.

Las zonas militares en varios estados de la República fueron utilizadas como cárceles clandestinas y lugares de tortura de civiles, mientras los detenidos eran trasladados a los centros de detención clandestinos, particularmente al Campo Militar número 1. Sin embargo, en el estado de Guerrero se habilitaron dos centros de detención, uno en Pie de la Cuesta, Acapulco, en la Base Aérea Militar número 7; el otro, en el municipio de Atoyac, en el cuartel general, ambos pertenecientes a la 27 Zona Militar.

Existe un reporte de la DFS del 18 de mayo de 1978, resguardado en al Archivo General de la Nación, donde se indica que el objetivo era el grupo clandestino identificado como Unión del Pueblo (UP). En el documento se lee:

El director federal de Seguridad, Javier García Paniagua, señala que está en coordinación con la Policía Militar, que se encuentra efectuando investigaciones a fin de lograr la identificación, ubicación y detención de sus integrantes, y da la orden de desarrollar el plan secreto de operaciones "Silenciador".

"Silenciador" es el plan de combate contraguerrillero impulsado para hostilizar, desarticular y aniquilar a la UP, como lo fue en 76 la constitución de la Brigada Blanca para destruir a la LC23S (Liga Comunista 23 de Septiembre).

Su misión oficialmente fue detener y consignar a los integrantes de la UP que se encuentran operando en Oaxaca (Oaxaca), Guadalajara (Jalisco) y Distrito Federal, integrando para tal efecto cuatro grupos antiterroristas para evitar daños a industrias e instalaciones vitales.

Cada uno de los grupos se constituyó con diez elementos de la DFS, cinco de la Policía Judicial Federal Militar y diez por cada una de las zonas militares involucradas (cada grupo está constituido por 25 elementos, en total 100 agentes).

Es un grupo distinto pero coordinado con la Brigada Blanca. Se les dio instrucciones de detener a los activistas de preferencia vivos para poderlos "interrogar" y obtener mayores informes de la organización, detectar militantes, simpatizantes y a sus dirigentes para poder realizar nuevas detenciones, destruyendo sus casas de seguridad e infraestructura.

Se les dotó de una lista con el nombre de los principales prófugos de la UP; se les proporcionó los recursos financieros para cubrir todos los gastos económicos necesarios.

—Hay testimonios que afirman que los detenidos eran torturados en la DFS, tanto en el edificio de la colonia Roma como el ubicado frente al Monumento a la Revolución, ¿usted qué dice?

—Vayan a ver, en el edificio frente al Monumento a la Revolución no había nada.

"Nosotros no necesitábamos celdas. Sí deteníamos y, si así ocurría, los interrogábamos y confinábamos inmediatamente.

También la Procuraduría General de la República nos mandaba gente para interrogarla.

—¿Y cuándo iban al Campo Militar número 1, dónde interrogaban a la gente?

—Pues con los del 2 de octubre fuimos al Campo Militar, ayudamos a los militares a interrogar a los detenidos.

—¿Cómo tenían a los detenidos? ¿En celdas?

—No, en el cuartel, en una silla, sentados, y llegaban uno por uno a ser interrogados.

—¿En la prisión militar?

—Abajo de donde estaba el despacho del secretario de la Defensa.

—¿Ahí sí había crueldad?

—No sé, nosotros hacíamos nuestro informe y se entregaba una copia para el secretario de la Defensa.

—¿Todo se hizo en el Campo Militar?

—¡Eso dicen! Ja, ja, ja, ja.

—No quiero saber lo que dicen, quiero saber lo que conoció el jefe de los integrantes de la Brigada Blanca…

—Yo no era el jefe de ellos.

—Quirós Hermosillo podría ser oficialmente el jefe de la Brigada Blanca, pero también es cierto que usted compartía el mando con Quirós.

—Yo era ideólogo y el otro era el activo.

—¿Qué papel jugó Acosta Chaparro en esas acciones?

—Era el segundo de Quirós.

—¿Por qué sólo de segundo?

—Uno es el que da las órdenes y otro, el segundo, es el que tiene que controlar a la gente.

—¿Cuál era la diferencia entre un agente común de la DFS y los que integraban la Brigada Blanca?

—Mis elementos podían realizar una penetración. Aprovechaban un mitin de obreros o estudiantes y también obtenían información de los planes que se hacían para que alguien ingresara a los grupos armados.

"Como la guerrilla creció mucho, entre las actividades que llevamos a cabo estuvo correr la voz de que a los que se sumaban a la guerrilla los mataban, y con ese rumor evitamos que muchos más se unieran.

En septiembre de 2006, días después de que jueces de Monterrey habían advertido que los cargos que la PGR le había imputado se estaban desvaneciendo, tenía un humor inmejorable y la certeza de que pronto terminaría su etapa de prisión domiciliaria, impuesta por un juez desde febrero de 2004.

Sin embargo, a la hora de retomar el tema de sus acusaciones y lo sucedido cuando laboró en la Dirección Federal de Seguridad, le regresaron las sombras al rostro y su mirada perdió algo de brillo.

Se quejó otra vez de su encierro; preguntó nuevamente por qué él y no otros. Se respondió a sí mismo: "No lo sé, pero están en contra de quien creyó en lo que hacía, que cumplía con su trabajo".

Pidió a uno de sus ayudantes que le llevara a la sala de su casa tres cartas que días antes había recibido. En ellas, tres distintas personas le expresaron su gratitud por haberlos rescatado de sus secuestradores. Uno de ellos era hijo de Julio Santoscoy, quien se desempeñó como subsecretario en el gobierno federal durante los gobiernos de Adolfo López Mateos y Gustavo Díaz Ordaz.

—¿Usted era como un emblema de la lucha contra los grupos subversivos de la época?

—A este emblema lo jodieron dos años y tres meses de encierro. Me gusta mi casa, y, aunque éste es el menor de los males, no deja de ser cárcel.

—¿En términos de represión gubernamental se puede comparar lo sucedido aquí con lo que ocurrió en países sudamericanos en los años setenta y ochenta?

—Aquí no fue tanta la represión. Fue igual el peligro, había una coordinación entre grupos, todo lo tenían planeado, pero no fue mucha la represión. Acuérdese, hubo muchos en la cárcel, y son los que están atacando ahorita. Pero allá, en Chile, en Argentina no hubo ninguno.

—Aquí, dicen que había cuartos de tortura, cárceles clandestinas, el Ejército participaba en las detenciones, tenían a los muchachos en instalaciones militares igual que en el cono sur.

—Todos iban a dar al Campo Militar.

—¿Ellos eran los que controlaban las operaciones contrainsurgentes?

—Sí. Se empezaron a presentar los problemas y lo primero fue el asalto al cuartel de Madera, en Chihuahua (1965), luego robos a bancos a la misma hora en distintos estados.

"Yo señalaba quiénes eran los cerebros, los hombres doble AA. ¿Qué son los hombres doble AA? Los que manejaban *arriba* en la sierra y *abajo* en las ciudades, la guerrilla rural y la guerrilla urbana, a esos elementos yo los identificaba. ¿Dónde estuvo la represión de mi parte?

—Se dice que hay cientos de desaparecidos. Aquí, su respuesta contradice otras que había dado.

—¡No es cierto, no es cierto! Si cuentan los del 2 de octubre, los del 10 de junio y los de los guerrilleros, yo le digo que no llegan a 100.

—Entonces, ¿qué pasó con todos los que se dice que desaparecieron y cuyas madres marchan en busca de su paradero?

—Cuéntelos. Si se cuentan los que han aparecido después de esto, son más de 100. Muchos, por decisión de su familia, se dieron por muertos.

—La CNDH ha investigado casos en los que alguna persona que fue detenida estuvo en la DFS, le tomaron declaración y luego no se supo de ella, aunque meses o años después hay quienes afirman haberlos visto en el Campo Militar número 1, y luego ya nada se supo.

—Del Campo Militar yo vi salir a varios, muchos que se dijeron desaparecidos estaban en Estados Unidos. Lo de los desaparecidos siempre ha sido una táctica de los *rojillos*. Ellos dicen una mentira y al año o 30 años después siguen diciendo lo mismo, ¡carajo!

—¿Por qué entonces el silencio de ustedes como funcionarios?

—Había un problema: los guerrilleros no se dejaban agarrar tan fácil, había enfrentamientos, caían muertos y, al tratar de identificarlos, en muchos casos traían identificaciones falsas. Se les enviaba al Semefo y, como nadie los reclamaba, fueron a dar a la fosa común. Ahí están muchos de los que dicen que fueron desaparecidos. Pregúntenles a las autoridades dónde están esas fosas.

14

La Madame

Todavía en los años setenta y ochenta, en la intimidad de las casas de citas, la música de cabaret, de orquesta, o canciones como *El andariego* o *Sabor a mí*, interpretadas por artistas en plena juerga, acompañaban la vida bohemia y el encuentro de bellas mujeres, whisky, coñac y bebidas preparadas para eminentes personajes de la política y los negocios. Todos los clientes podían reconocerse, pero ninguno hablaba públicamente de esos placeres; tampoco de cómo se perdían en las habitaciones o se disputaban los favores de quienes los atendían.

Durante los encuentros con Miguel Nazar Haro, mientras platicaba sobre sus gustos musicales y su devoción por el baile —especialmente el tango— y la vida bohemia de los actores políticos y sociales en la capital del país en los años en que fue policía, salió a relucir el tema de las mujeres que desempeñaban labores de espionaje para la Dirección Federal de Seguridad.

Nazar había conformado, desde finales de los años sesenta, lo que él llamaba un "ejército inconsciente" de informadores entre periodistas: decía que, sin saberlo, los textos que se publicaban servían a los fines de la DFS, o bien, cuando alguien le pedía información, él también obtenía datos de algunos políticos de su interés. Pero allí no paró: se vinculó con artistas que llegaron a ser estrellas de la televisión y las convirtió en sus informantes.

Algunos fueron parte de la DFS, agentes que jugaron un doble papel en la televisión y el espectáculo, se infiltraron en las reuniones de personajes importantes y aportaron revelaciones que servían para el control gubernamental en la política, los negocios o los sindicatos.

Una de las espías se distinguía por sus "poderes psíquicos", por un atuendo dorado y rojo, una cinta brillante con un círculo en la frente, y por hacer actos de escapismo y telepatía. Otra, por los animales exóticos con que aparecía en los escenarios: una bellísima vedette que se presentaba tocando el violín acompañada de un tigre, el mismo que deambulaba por los pasillos del edificio que aún se alza en la esquina de Ignacio Ramírez y Plaza de la República, que fue sede la DFS en la colonia Tabacalera, el símbolo de la Dirección y propiedad de Miguel Nazar Haro.

SÁBANAS, CANCIONES Y BESOS... PEDAZOS DE HISTORIA

En la historia del espionaje mundial existen registros de mujeres que fueron trascendentes para obtener información gubernamental y entregarla a potencias rivales. La más famosa de ella es Mata Hari (Margaretha Geertruida Zelle), quien conjugó sus dotes artísticas y de cortesana con sus actividades de inteligencia para Alemania durante la Primera Guerra Mundial. Mata Hari (que en malayo significa "sol"), de padres holandeses, nació el 7 de agosto de 1876. Tras ser detenida y acusada de espionaje fue condenada a muerte. Militares franceses la fusilaron el 15 de octubre de 1917.

Casos como éste no son ajenos a México. En la época de la Independencia, existen registros que mencionan a una mujer que emprendió acciones de espionaje para los grupos que luchaban contra la Corona española. Se trata de Gertrudis Bocanegra, conocida como *la Heroína de Pátzcuaro*, a quien la Secretaría de Gobernación consideró "una patriota comprometida con la causa independentista de México". Fue fusilada el 11 de octubre de 1817 por las fuerzas virreinales debido a que no reveló la información poseía sobre los insurgentes.

Gertrudis Bocanegra fue mensajera entre los grupos que buscaban la independencia nacional; transportó armas, pólvora e insumos que sirvieron para la lucha armada.

Durante las entrevistas, Nazar Haro recordó el caso de Graciela Olmos, *la Bandida*, quien formó parte de la División del Norte en la época revolucionaria: "Ella hizo historia".

La Bandida nació en Casas Grandes, Chihuahua, en 1895. Luego fue adoptada por una familia adinerada que residía en la capital mexicana, y con la Revolución en marcha se casó con José Hernández, un integrante del grupo que comandaba Francisco Villa. Tras la muerte de su marido se dedicó a actividades como el tráfico de whisky a Chicago, donde conoció a Al Capone, y posteriormente instaló la más famosa casa de citas en una residencia que se ubicaba en el 247 de la calle Durango, en la actual colonia Roma. Ahí se reunían políticos, artistas e intelectuales, y las mujeres que atendían a los clientes también obtenían información que servía para otros fines.

Otro ejemplo de mujeres espías en México es Hilda Krüger, una mujer dedicada al cine que no alcanzó el estrellato, pero trascendió en el espionaje luego de ser amante de Joseph Goebbles, el ministro de Propaganda de Adolf Hitler. Se estableció en México, donde se convirtió en pareja de Miguel Alemán Valdés, según refiere Juan Alberto Cedillo en su libro *Hilda Krüger. Vida y obra de una espía nazi en México.* La alemana sirvió al gobierno de su país durante la Segunda Guerra Mundial proporcionando información importante sobre México y Estados Unidos.

La belleza, el arte amatorio y el baile han sido factores que han favorecido las actividades de espionaje.

El 20 de marzo de 1971, el capitán Luis de la Barreda Moreno, quien dirigía la Federal de Seguridad, firmó un reporte en el que se da cuenta del resultado de una investigación iniciada a consecuencia de una carta enviada al entonces secretario de Gobernación:

> Con fecha 2 de abril de 1971, le fue enviada una carta al licenciado Mario Moya Palencia, firmada en forma anónima, en donde se indica que la persona que la dirige es secretaria de un alto funcionario el gobierno y que el motivo de la misma fue debido a que tiene una amiga que estima, la que se enamoró de un agente de la Policía Judicial Federal y cuando ya estaba para casarse la dejó por otra mujer que es dueña de prostíbulos y que se dedica también al contrabando de licor y drogas, al tanto que esta persona se llama María Antonieta, quien vive en la Hacienda de Hueyapan número 7, Bosques de Echegaray, con teléfono 550-12-02, así como [en] otros dos domicilios en los que indica sirven de lenocinios y que están ubicados en las calles de Ocotlán número 13, junto a la Zona Rosa, teléfono número 525-25-44, y Luis Vives número 216, interior 501, con teléfono número 520-15-91.

Investigación. La señora en mención, su nombre completo es María Antonieta Espinosa Torres y vive en la Hacienda Hueyapan número 7, Bosques de Echegaray, lugar donde recibe a sus amigos teniendo especial atención al comandante de la Policía Judicial Federal [*sic*] Arturo Durazo Moreno, quien la visita con mucha frecuencia y es la persona que se encarga de presentarle amigos para que acudan a las casas de Ocotlán número 13 o Luis Vives número 216, interior 501, lugares que están disfrazados ya que sirven de prostíbulos.

La señora María Antonieta Espinosa Torres también tiene relación con Rodolfo Ojeda Uribe, que es elemento perteneciente a la Policía Judicial Federal y que recibe instrucciones de Durazo para darle protección en los domicilios ya mencionados. Esta persona se dice también que está en combinación con el tráfico de drogas. Igualmente lo tienen catalogado en la propia corporación como "cinturita" y "vividor". Actualmente funge como ayudante del general Edmundo Arriaga López, jefe de la Policía Judicial Federal, haciendo alarde de ello.

La señora María Antonieta Espinosa Torres se comprobó que regentea dos prostíbulos de Ocotlán 13 colonia Condesa y el de Luis Vives número 216, interior 501, donde asisten prostitutas por las tardes y en ese lugar se expenden bebidas alcohólicas, cobrando por servicios de las mujeres 500 y mil [pesos].

En los archivos de la DFS se borraron las líneas en las que se mencionan los apodos de las mujeres que trabajaban en las casas de citas y solamente se dejó visible que una de ellas era de origen japonés.

Otro de los lugares en donde hacen cita para enviar mujeres a los domicilios de los [que] solicitan sus servicios está ubicado en las calles de Cincinnati número 37-A, colonia Nápoles, con teléfono 563-45-53.

La señora María Antonieta Espinosa Torres hace ostentación de tener un amigo subprocurador del Distrito y Territorios Federales, que es el licenciado [el nombre es ilegible].

Se dedica al contrabando de wiskey y cognac [*sic*] y para ello tiene la protección del comandante Arturo Durazo y hace ostentación de ello en los lenocinios que regentea, de que la protege y ése es el motivo por el que con toda libertad desde hace tiempo se dedica a este negocio sin temer la presencia de autoridades que traten de cerrar o clausurar estos negocios; también se comprobó que en dichos lugares a las personas que ya tienen confianza se les permite que paguen con cheques o posteriormente cubran las cuentas que dejan pendientes; asimismo, en estas casas con mucha frecuencia se suscitan riñas, por lo cual los vecinos se han quejado al respecto, sin que a la fecha se haya hecho caso a esto.

Miguel Nazar fungió como subdirector de la DFS de 1977 a 1978, cuando el organismo aún era dirigido por Javier García Paniagua. Un año más tarde fue ascendido a director y permaneció en el cargo hasta 1982. De diciembre de 1976 al 30 de noviembre de 1982, Durazo Moreno fue jefe de la policía capitalina.

María Antonieta Espinosa Torres continuó con sus negocios.

A Nazar Haro le encantaba recrear las acciones policiacas y de espionaje; también, las preguntas que lo acercaban con la música de sus recuerdos: "Me gusta la ranchera, soy de pueblo".

—¿Quién especialmente?

—Las canciones del tipo que interpreta Vicente Fernández.

—De joven, ¿cuál era la que más le gustaba?

—María Luisa Landín. Eran canciones románticas. También los boleros de Álvaro Carrillo.

—En particular, ¿qué melodía?

—*Solamente una vez... amé en la vida...* —dijo sonriente, casi cantando.

—¿Con quién?

—¡Ja, ja, ja, ja, ja!

—Como intérprete...

—La verdad no me fijo en quién. Hay una canción que dice: "Que vino el amor, pero en mí fue traicionero". ¿Se acuerda de ésa?

Se refería a *La revancha*, una canción de Agustín Lara escrita para María Félix:

> *Yo conocí el amor, es muy hermoso.*
> *Pero en mí fue fugaz y traicionero.*
> *Volvió canalla lo que fue glorioso.*
> *Pero fue un gran amor, y fue el primero.*
>
> *Amor, por ti bebí mi propio llanto.*
> *Amor, fuiste mi cruz, mi religión.*
> *Es justa la revancha, y entre tanto*
> *sigamos engañando al corazón.*

Amor, por ti bebí mi propio llanto.
Amor, fuiste mi cruz, mi adoración.
Es justa la revancha, y entre tanto
sigamos engañando al corazón.
Sigamos engañando al corazón.

Amor, por ti bebí mi propio llanto.
Amor, fuiste mi cruz, mi religión.
Es justa la revancha, y entre tanto
sigamos engañando al corazón.
Sigamos engañando al corazón.

"Me gusta *Vereda tropical.* ¿Sabía que la hermana de Agustín Lara era quien componía algunas de las canciones que él interpretaba?

"Me gustaba el baile. Yo era bailarín de toda la noche. Ahora no es baile, se la pasan por acá y por allá".

Nazar no era ajeno al conocimiento de los gustos de los políticos por la bohemia, el baile, el alcohol y la mujeres, y lo aprovechó. Así también construyó una red de informantes con estrellas del espectáculo y, particularmente, con prostitutas.

—¿Usted conoció la casa de la Madame de Las Lomas?

—La que estuvo en la cárcel, sí. Ella trabajaba para mí, era mi informante y ¡me pasaba unos reportes! ¡Da risa lo que hablan en la cama los hombres y los políticos!

—¿Usted llegó a estar en una de esas noches de bohemia con la Madame?

— ¡Uh, tooodo! Una vez vinieron unos gringos. Entonces yo era director de la DFS. Me dijeron: "¡Queremos unas muchachas!", y que los mando.

"En la casa de la Madame había una judía muy viva y muy guapa. Que la meto con uno ya borrachito, ¡y le sacó al gringo todo lo que traía entre manos en el país y le informé al presidente!

"Los gringos habían viajado a México buscando que se les permitiera hacer negocio con el petróleo, ya hasta habían comprado maquinaria. ¡Se les peló el asunto!".

Miguel Nazar consideró que la DFS alcanzó un nivel de excelencia gracias a la infiltración y la captación de informantes.

"Para mí fue de excelencia, porque cada uno sabía de sus áreas, no eran intrusos. ¡También tenía periodistas que laboraban con nosotros y se infiltraban, conocían de todos los delitos, de sociales y de todo".

Así, María Antonieta Espinosa Torres se convirtió en otro caso en el cual una instancia de seguridad y espionaje aprovechó la belleza, el sexo, el alcohol, la bohemia y el poder.

Sus prostíbulos se convirtieron en el Club Uriarte. Operaba en tres domicilios y tenía un centro de atención. Sus clientes eran muy selectos. En 1998 las autoridades estimaron un total de 5 000 clientes a los cuales supuestamente se les organizaban fiestas y desfiles de moda.

Antes de que se les "invitara", cada cliente era investigado: nombre, edad, domicilio, trabajo, ingresos, y sólo así se les corría la cortesía del ingreso a los domicilios que se ubicaban en Paseo de las Palmas 270 y 1279, en las Lomas de Chapultepec; su centro de atención telefónica y reclutamiento se ubicaba en Coahuila 56, en la colonia Roma.

Parte de sus clientes "favoritos" eran políticos, ejecutivos bancarios y de empresas "grandes". Se les entregaban tarjetas con un teléfono. En cada pedazo de papel se prometía organizar todo para despedidas de solteros o fiestas. Para entrar en contacto tenían que llamar y preguntar por el ingeniero Uriarte.

El negocio de María Antonieta Espinosa Torres terminó en mayo de 1998: la Procuraduría General de Justicia del Distrito Federal la detuvo y acusó de lenocinio y cohecho.

El juez de su causa, Alejandro Jiménez Villarreal, le impuso una fianza de 100 000 pesos, y recuperó su libertad, la cual aprovechó para escapar a Estados Unidos, donde permaneció hasta agosto del mismo año, ya que fue extraditada a México. En enero de 2001 fue condenada por el juez 24 de lo penal a cuatro años y cinco meses de cárcel. Purgó su pena en 2005.

En ese entonces Miguel Nazar Haro estaba sujeto a dos procesos penales, pero ambos los enfrentaba en prisión domiciliaria.

15

Guerrilla guerrerense

Hacía casi tres años que habían iniciado las entrevistas con Miguel Nazar. El Tigre llevaba dos años en prisión domiciliaria y su estado de ánimo había decaído al igual que su salud. Para enero de 2006, se explayó en torno a los movimientos guerrilleros en Guerrero y sus principales dirigentes.

El exdirector de la DFS habló de la manera en que se conformaron los planes para exterminar la Asociación Cívica Guerrerense (ACG). Ésta surgió en 1959, liderada por Genaro Vázquez Rojas, como una organización opositora al gobierno que buscaba incidir mediante la lucha política. Finalmente, en 1967 se transformó en un grupo guerrillero.

Las acciones también se enfilaron contra la Brigada Campesina de Ajusticiamiento y el Partido de los Pobres que dirigía Lucio Cabañas. Estas organizaciones surgieron en 1967 para luchar contra los cacicazgos en Guerrero, la desigualdad social y las instituciones gubernamentales que permitían los abusos contra los campesinos, los cuales incluyeron masacres en diversos puntos de la entidad al sur de México.

La primera operación gubernamental de gran magnitud para combatir a los guerrilleros se llevó a cabo el 14 de noviembre de 1968. La página 318 del informe de la Fiscalía

Especial para Movimientos Sociales y Políticos del Pasado (Femospp) apunta:

> Las fuerzas de seguridad pasan del hostigamiento contra los principales cabecillas a acciones de mayor envergadura contra los grupos armados, se informa de una operación militar conjunta de la 27 y 35 Zonas Militares en los poblados de Campo Amor, Santo Domingo y Puerto Gallo, municipios de Atoyac y de Tlacotepec, en contra de Lucio Cabañas y Genaro Vázquez.

Los reportes de la Secretaría de la Defensa Nacional (Sedena) y la DFS que se resguardan en el AGN dan cuenta por primera vez de la existencia de la Guardia (después se identificaría como Brigada) Campesina de Ajusticiamiento. Aun cuando no se tiene registro de los resultados de dicha operación militar, es evidente que el Ejército se planteaba ya la contención y desarticulación de estos movimientos armados en Guerrero.

Aunque en 1971 se puso en marcha la Operación Telaraña, Nazar Haro se refirió particularmente al plan para cercar y terminar con la organización de Lucio Cabañas, tras el secuestro del entonces gobernador de Guerrero Rubén Figueroa.

De igual manera hubo un segundo intento para capturar no sólo a Lucio cabañas sino a Genaro Vázquez: el Ejército la llamó Operación Amistad.

> Como consta en el oficio confidencial número 2969 del 8 de septiembre de 1970 y del cual se informó al EMDN mediante oficio 2775 del 20 de agosto de 1970, la Operación Amistad se realizó del 25 de julio de 1970 al 13 de agosto de 1970, de manera conjunta entre la 27 y 35 Zonas Militares.

Tuvo una duración de apenas dos semanas y media. Sin embargo, por información recogida en la zona, esta operación se realizó durante mayor tiempo, en una región más amplia y con características de contraguerrilla que después emplearía en la Costa Grande[1].

La operación militar se realizó en Llatenco, Tlaxcalixtlahuaca, Tierra Colorada, Pázcala, Colombia, Atenco y El Rincón.

Con la voz ronca y a veces apagada, el viejo policía externó su opinión de Genaro Vázquez y Lucio Cabañas, ambos maestros rurales graduados de la Escuela Normal Rural "Raúl Isidro Burgos", mejor conocida como Normal de Ayotzinapa. También habló de la manera en que las instancias antiguerrilla conjugaron el estudio de la movilidad humana, las condiciones geográficas y la operatividad militar de carácter contrainsurgente.

Nazar mencionó datos sobre las horas finales de Genaro Vázquez, quien nació el 10 de junio de 1931 en la comunidad de San Luis Acatlán, Guerrero. Vázquez Rojas fue cofundador de la Asociación Cívica Guerrerense en 1959, y posteriormente colaboró en la formación de grupos armados.

Sobre Vázquez Rojas, el informe de la Femospp (página 329) detalla:

El 1 de febrero de 1972 Genaro decidió regresar a la sierra de Guerrero vía México, dando la vuelta por la sierra de Michoacán. Salieron del domicilio del Lic. Mario Padilla a las 20:00

---

[1] Pág. 318 Informe histórico a la sociedad mexicana 2006, Femospp.

horas. El chofer que consiguió para realizar este trayecto, Salvador Flores Bello, era inexperto. Viajaban Genaro, José Bracho, Sabina Ledesma, Javier, Araceli y Salvador Flores. A la 1:30 a. m. del 02 de febrero de 1972 ocurrió el accidente en el kilómetro 226.7 de la carretera 15 México-Nogales cerca de Bajúmbaro, Michoacán. El automóvil en que viajaba Genaro Vázquez se estrelló contra el alero de un puente.

Conforme a la versión de Luis Suárez, ya venía siendo perseguido. Esta versión es poco probable, ya que de haber sido así, no se les hubiera escapado por el momento José Bracho. Genaro murió 20 minutos después de llegar al hospital de la Cruz Roja en Morelia. La causa de la muerte fue fractura de cráneo. Hay más de una versión. Que la fractura fue resultado del accidente y que fue capturado vivo y asesinado por el ENM (Montemayor; 1991, 23).

Nosotros tenemos la versión de que el secretario de la Defensa, Hermenegildo Cuenca Díaz, le informó a Echeverría que habían detenido a Genaro y que estaba herido. ._ el presidente le ordenó […] que entregara el cuerpo. […] Un capitán de la DFS se quedó con la pistola de Genaro (en López; 2004, 798).

Conforme a Flores Bello, "llegó el ejército, militarizó el hospital, desalojaron al personal civil y los reemplazaron con enfermeras y médicos militares. El día siguiente nuestro comandante amaneció muerto, fue asesinado, tenía una herida provocada por una estructura triangular, como para aparentar que fue un accidente" (López; 2004, 797).

José Bracho Campos, lugarteniente de Genaro, fue capturado el día 4, herido de cierta gravedad en el rostro, trasladado a México y luego a la penitenciaría de Chilpancingo. Conforme a Miranda, en el vehículo llevaban armas, propaganda, parque y dinero (millón y medio de pesos, de los que la policía sólo presentó trescientos ochenta mil). A Genaro le encontraron fotografías, cintas grabadas, su diario con nombres y direcciones de muchos compañeros.

En la entrevista del 10 de enero de 2006, Nazar Haro narró cómo se infiltró un elemento gubernamental en las filas guerrilleras para evitar que grupos de la Liga Comunista 23 de Septiembre pactaran acciones coordinadas con la guerrilla guerrerense.

Sobre esto, existe una referencia en la página 305 del informe de la Femospp:

En 1967 las dos corrientes del Movimiento 23 de Septiembre (M23s), lideradas por Pedro Uranga y Óscar González, intentaron implantar la guerrilla en el estado de Guerrero y fracasaron debido —entre otros motivos— a que fueron infiltradas por la Sección Segunda del Estado Mayor de la Secretaría de la Defensa (S25EM-SEDENA), a través del militar Lorenzo Cárdenas Barajas (Montemayor; 2001, 164- 168).

Nazar Haro explicó:

"Elementos de la Liga [Comunista 23 de Septiembre] acordaron hacer contacto con Genaro Vázquez y Lucio Cabañas para unificar la acción de la guerrilla urbana con la rural, y eso lo supo un agente infiltrado.

"Una comisión de la Liga logró llegar con Lucio. Viajaron en autobús y aplicamos un secreto profesional [ríe]: en el equipaje de uno de ellos se metió un recado: 'Trata de obtener la mayor información. Cuídate de no parecer obviamente como agente'. Cuando llegan con Lucio, éste los revisa para ver que no posean armas, y encuentran el recado en el equipaje. Se acabó el encuentro, la confianza y todo. Aplicamos el divide y vencerás".

Ese suceso, según Nazar, desembocó en la localización y posterior persecución de Vázquez Rojas, que concluyó con su fallecimiento:

"Entonces, el mismo Lucio, creyendo que se trata de una acción proveniente de Genaro Vázquez, hizo que sus seguidores informaran dónde estaba [Genaro], quien se encontraba en Cuernavaca acompañado de dos maestras.

"Genaro había pasado el día en la alberca y todo eso. Entonces, la DFS procedió a informar y a desinformar. Le avisan [a Genaro] de lo ocurrido y 'Ya sabe la policía en dónde estás'. Sale huyendo. Se le persiguió durante su huida y el coche en el que viajaba chocó en la carretera. Las dos maestras fueron detenidas y ellas relataron lo que hacían".

La versión que ofreció el creador de la Brigada Blanca fue que Vázquez Rojas chocó como consecuencia de la persecución emprendida por los agentes de la DFS en la carretera a Morelia. No quiso mencionar si el vehículo fue embestido por los elementos de la DFS y por ello el conductor perdió el control del automóvil.

Cuando Genaro Vázquez falleció, el gobierno federal ya había puesto en marcha la llamada Operación Telaraña, una etapa más de la guerra sucia de los años setenta y ochenta del siglo XX. Como parte de ésta, los guerrilleros de la sierra guerrerense ("los paquetes") daban información después de horas de tortura. Militares y agentes de la Federal de Seguridad obligaron a los campesinos a convertirse en delatores de los seguidores de la guerrilla encabezada por Lucio Cabañas, bajo la amenaza de muerte si no cumplían con la encomienda.

Otros fueron detenidos ilegalmente, y unos más, fusilados frente a sus familias.

Radiogramas, órdenes del entonces secretario de la Defensa Nacional (Hermenegildo Cuenca Díaz), reportes de los pertrechos consumidos y la interpretación de las claves militares con las que se desarrolló la Operación Telaraña —encaminada a "exterminar" a Lucio Cabañas y a sus seguidores— fueron descubiertos en el Archivo General de la Nación.

El general Salvador Rangel Medina, comandante en esa época de la 27 Zona Militar con jurisdicción en Guerrero, fue el primer responsable de cumplir las disposiciones terminantes de Cuenca Díaz. Pero, además, se usó a militares regulares y miembros de los grupos de operaciones antiguerrilla y contrainsurgencia, a cargo de la Sección Tercera del Estado Mayor de la Defensa Nacional, para asesorar y constatar que las órdenes de mando se cumplieran.

Dos años de investigaciones documentales en el AGN por parte de la historiadora Ángeles Magdaleno Cárdenas y un pequeño grupo de colaboradores permitieron a la Fiscalía Especial para Movimientos Sociales y Políticos del Pasado (Femospp) conocer el *modus operandi* de los militares que participaron en esas maniobras y la interpretación de las claves castrenses bajo las cuales se codificó la ubicación geográfica de los 42 campamentos guerrilleros del Partido de los Pobres.

El expediente de la Operación Telaraña fue dividido en cinco volúmenes, unos con más hojas que otros, pero en ningún caso se encontró más de un fólder por caja. Fueron hallados con perforaciones en los cuatro costados y cosidos con hilo. Según los expertos en archivística, eso significa que los expedientes eran un asunto concluido y a nadie le interesaron más ni volvieron a ser consultados.

Estos documentos, radiogramas y reportes clasificados como secretos en los años setenta y ochenta (décadas de la llamada "guerra sucia") fueron localizados en más de 5 000 cajas ordenadas bajo un esquema archivístico creado específicamente por Vicente Capello y Rocha, un hombre de toda la confianza de Miguel Nazar (de quien hablaremos más adelante).

El oficio 15233 del 7 de abril de 1971 expone las órdenes de Cuenca Díaz para cumplir con la Operación Telaraña. Los detalles de los movimientos estuvieron listos los primeros días de abril de 1971, pero fue hasta el día 27 cuando el secretario de la Defensa, en el oficio 18596, elaborado por el Estado Mayor de la Defensa, señaló:

Ratifico a usted —general Rangel Medina— las instrucciones dadas verbalmente sobre el contenido del Plan Telaraña, las cuales deben aplicarse como sigue:

A) La acción militar será iniciada durante la noche del 29 al 30 de abril de 71.

B) Dicha acción será orientada hacia la región El Paraíso-El Cayaco-Atoyac de Álvarez localizada en la Costa Grande.

C) Se desarrollará en forma coordinada con las fuerzas de la 35 Zona Militar a fin de evitar que los gavilleros escapen a la acción directa de los elementos del 32 Batallón de Infantería.

D) Todas las partidas militares de la región deberán activar su vigilancia en los lugares donde se encuentren actualmente desplegadas con objeto de hacer efectiva la materialización del cerco y evitar la evasión de los maleantes.

E) Las actividades de rastrilleo en el área considerada serán realizadas por fuerzas seleccionadas que actuarán como contra-guerrillas.

F) Deberán establecerse y observarse las medidas más rigurosas de discreción, debiendo extremarse a fin de conservar el secreto de todos los aspectos de la operación.

G) La conducción de esta operación será reforzada con tres helicópteros de la Procuraduría General de la República en el puerto de Acapulco.

H) La Comandancia del 32 Batallón de Infantería establecerá una base de operaciones en Atoyac de Álvarez.

I) Si la situación lo requiere podrán emplearse tropas del 48 Batallón de Infantería y 50 Batallón de Infantería en apoyo o refuerzo del 32 Batallón de Infantería.

Hasta aquí el despliegue militar en contra de Lucio Cabañas Barrientos involucró a cerca de 3 000 efectivos.

Sin embargo, el punto "J" del Plan Telaraña señalaba que "con objeto de establecer la adecuada comunicación" entre la 27 Zona Militar, el secretario Hermenegildo Cuenca Díaz, "así como misiones de coordinación", el titular de la Sedena ordenó que el jefe de la Sección Tercera del Estado Mayor de la Sedena —encargada de asesorar y ver que las órdenes del mando se cumplan—, "acompañado de elementos de las secciones de dicho organismo y personal de tropa a su servicio, se traslade a esa plaza".

Nazar Haro consideró que Lucio Cabañas era "muy radical, muy duro, un fanático"; mientras que Genaro era más "pachanguero".

"Lucio tenía muy buena organización. Cometió un error: el secuestro de [Rubén] Figueroa [a quien mantuvo cautivo de mayo a septiembre de 1974].

"Se trabajó toda la maquinaria habida y por haber para rescatarlo. Yo había estudiado dónde podía estar. En primer lugar los guerrilleros en la sierra son como los venados: tienen que estar cerca del agua. Estudié cuántos ríos o lagos había en la región, y así lo fuimos ubicando. Siempre tienen que vivir cerca del agua, por lógica, ya que nuestro cuerpo está constituido en su mayoría por agua. El alimento te lo aguantas, pero la sed no.

"Entonces, con esos estudios, pues se le checó, se le ubicó, y ocurre un enfrentamiento. En ese choque armado [8 de septiembre de 1974] Figueroa, que conocía muy bien la sierra desde niño, huye y sabe por dónde va. Dejaron de vigilarlo y llegó a la parte donde estaban las autoridades, y de allí lo llevan a Los Pinos. Se le interroga más o menos en dónde estaba.

"En ese enfrentamiento no sé cuántos murieron, de ambas partes. Pero allí no cae Lucio, él cae en un retén, porque se fue cerrando el área en donde estaba. El asedio dio resultado, y cuando tratan de detenerlo, Lucio se enfrenta y muere".

A diferencia de otros guerrilleros, el Tigre hablaba con respeto de Lucio Cabañas. Decía que lo hacía así porque "él nunca pidió ayuda al extranjero, él mismo conseguía sus armas y no había comunistas que lo asesoraran".

Para Nazar, no había ningún otro que mereciera ese trato: "Los demás se robaban entre ellos; el que iba a recoger el rescate se quedaba con una parte y decía: 'Nada más nos entregaron esto'. Lucio Cabañas era derecho".

Aseguró que nunca conoció a Cabañas Barrientos en persona, pero sí a través de las revelaciones que le hizo un primo del guerrillero: "¡Yo lo interrogué! También hubo un detenido que era la mano derecha de Lucio Cabañas, y después de que lo traté bien, lo consigné. Después le pedía datos y nos daba información, nos ayudaba. A Lucio yo lo conocí a través de la gente. ¿Y cómo di con él? Hubo un error en la guerrilla, en la selva hay árboles…".

Lucio Cabañas falleció el 2 de diciembre de 1974; a la fecha no se ha esclarecido plenamente cómo. Las fuentes gubernamentales aseguran que fue en un enfrentamiento, en las inmediaciones de la localidad Técpan de Galeana, Guerrero, según un informe del entonces secretario de la Defensa Nacional, Hermenegildo Cuenca Díaz.

De acuerdo con Nazar Haro, Arturo Acosta Chaparro Escápite fue "el hombre clave". "Si quieren saber de eso [el operativo en el que murió Lucio Cabañas] y todo lo de Guerrero, ahí está [el general Enrique] Cervantes [Aguirre]; él estaba a cargo. Que investiguen a Cervantes [más tarde, secretario de la Defensa Nacional durante el mandato de Ernesto Zedillo]".

El 20 de abril de 2012 Acosta Chaparro Escápite fue asesinado de tres tiros: un hombre que descendió de una motocicleta abrió fuego en su contra. El ataque ocurrió en la colonia Anáhuac de la Ciudad de México.

En entrevistas realizadas en noviembre de 2006, 2009 y 2010, el que fuera titular de la DFS respondió molesto a las preguntas en torno a los señalamientos que se le hacían sobre actos de tortura y desapariciones forzadas de opositores gubernamentales o de integrantes de grupos guerrilleros durante la guerra sucia.

El enfado, no obstante, sirvió para hablar de su capacitación en acciones contrainsurgentes. "Nunca estuve en la Escuela de las Américas. Ni conozco Panamá". La Escuela de las Américas fue uno de los principales centros de entrenamiento militar y policiaco para combatir a los grupos de tendencia comunista en América Latina, y en ella se entrenó a más de 60 000 elementos de al menos 22 naciones, en el periodo 1946-1984.

Sin embargo, el Tigre hizo una revelación importante: donde sí fue entrenado en acciones contrainsurgentes fue en Estados Unidos. "Fui entrenado para combatir a los guerrilleros en Fort Bragg [una base militar en Carolina del Norte, donde se entrena a los boinas verdes]. Aprendí cómo combatirlos, infiltrarlos, interrogarlos y obligarlos a que delataran al siguiente compañero".

Entre los documentos resguardados en el Archivo General de la Nación, relacionados con lo ocurrido en Guerrero en los años setenta y las acciones en contra de la guerrilla de Lucio Cabañas, también existe una copia de una carta enviada por el soldado Benito Tafoya a sus hermanos advirtiéndoles lo que sucedía en esa entidad con los milicianos que eran detenidos por formar parte de los grupos armados insurgentes, particularmente con los que se identificaban como integrantes de la Liga Comunista 23 de Septiembre. El documento da cuenta de la existencia de los vuelos de la muerte.

—Aquí traigo la carta que Benito Tafoya, un soldado, envió a sus hermanos. El militar formó parte de los involucrados en las acciones contra Lucio Cabañas —le expuse a Nazar.

Su mirada se volvió penetrante. Apretó las quijadas y cuestionó tres veces si era verdad que esos informes estaban en los archivos enviados por el Cisen al AGN.

Estaba incrédulo, y cuando le mostré la misiva y la revisó, contestó:

—Pues si quieren saber de eso y todo lo de Guerrero, ahí está [Enrique] Cervantes [Aguirre].

—Usted conoció de todo ello, según los archivos y los informes.

Su voz se volvió más fuerte. Molesto, preguntó:

—¡¿Dónde está, existe el original?!

—Está en el AGN, es un documento clasificado.

—No creo que esté en los documentos de la Federal.

—Así es, la mandaron. Ésta es una de las fichas que ustedes elaboraron en aquella época.

Entonces, sacó de sus recuerdos:

—Pues de Tafoya me acuerdo, él era de la Liga.

Insistí:

—Benito Tafoya estuvo adscrito al Batallón de Infantería en Petatlán, Guerrero. Él escribió a sus hermanos porque sabía que formaban parte de la Liga, y les advirtió de los vuelos de la muerte.

—Ése fue colgado y se le pudrió el brazo en el Campo Militar.

—¿A los hermanos? ¿A Pancho?

—A un Tafoya.

—Él les estaba avisando de lo que estaba pasando en Guerrero.

—¡Pues qué chingados esperaban! ¡Guerra es guerra, guerrilla es guerra, y en la guerra todo se vale!

La carta de Benito Tafoya forma parte de los documentos que durante el gobierno de Vicente Fox se transfirieron del extinto Cisen al AGN, en donde aún no se terminan de clasificar ni se han descubierto en su totalidad las historias de tortura y desaparición que relatan ni todos los actores que participaron.

En el AGN existen decenas de tarjetas elaboradas por la DFS, así como documentos y transcripciones de los interrogatorios a los que sometieron a los familiares de Benito Tafoya Barrón. En ellos queda manifiesto el seguimiento que diversas instancias gubernamentales dieron a este caso, tras detectar la carta del soldado que en 1975 escribió a sus hermanos, en la que revela parte de las acciones contrainsurgentes.

El documento, clasificado en el expediente 11-235, legajo 38, foja 225, registra:

Hermanos, les escribo esta carta esperando que se encuentren bien de salud, que de la que de mí se despide es buena, gracias a Dios. Ahora paso a decirles lo siguiente:

Hermanos, quiero que en cuanto reciban esta carta me contesten. Mándenme decir si ya les mandaron decir de la casa de la Güera (Nicolaza) se fue con su novio y que Raquel y Paz se andan metiendo en problemas muy serios, que se andan metiendo de guerrilleras, digo problemas serios porque me ha tocado ver cómo acaban los que se dicen guerrilleros, digo que me ha tocado ver porque yo participé cuando rodeamos a Lucio Cabañas y su gente y murieron muchos y a los que agarramos vivos (fueron varios) a mí me tocó subirlos a un helicóptero, amarrarlos de pies y manos y atarlos a unas barras de fierro e irlos a tirar al mar y entre ellos iban dos muchachas, por eso yo temo que ellas lleguen a caer en manos de la policía y tengan el mismo fin. De mis compañeros del batallón mataron nada más a uno y a nosotros nos tocó matar a Lucio Cabañas. Yo lo alcancé a conocer vivo, ya que como soldado de confianza de un capitán me dijo que no me separara de él. Él me dijo a mí y a otros dos soldados más que llegamos cerquita de Lucio, como a 30 metros, pero nos descubrieron y nos tiraron varias ráfagas, pero a un compañero nada más le pegaron en la cabeza, ya que estábamos tendidos, e inmediatamente abrimos fuego. Yo sólo sé que allí tiré tres cargadores, no sé si maté a alguien o a nadie, yo estaba medio tonto en esos momentos, yo era como un autómata, y nada más me dejaba llevar por instinto, ya que en esos momentos con tantos disparos me quedé aturdido. Pero Lucio Cabañas únicamente estaba herido y gritó hasta que se les hizo: "Pero les aseguro que no les voy a dar el gusto de que me maten ustedes". Y él mismo se mató, pero el capitán que iba conmigo le dio el tiro de gracia.

Yo creí que nos iban a premiar, pero nada más al capitán lo ascendieron a mayor y nosotros nada más recibimos felicitaciones y fue todo... Y quedé medio sordo de un oído. Sólo [esto] les cuento por ahora.

Su hermano que desea más verlos que escribirles.

Benito Tafoya Barrón.

Mi domicilio es Plan Mayor 19/o B. I. Petatlán, Gro. [*sic*]

Asimismo, en los archivos existen transcripciones de los interrogatorios a Gabino Tafoya Barrón, quien fue puesto a disposición del ministerio público el 9 de julio de 1976. En ellos dijo formar parte de una familia de nueve hermanos, todos originarios de Baja California, y aseguró, según un documento, "carecer de ideología política definida". Pero afirmó que su hermana Raquel había participado en la Liga Comunista 23 de Septiembre, por lo cual estaba recluida en el penal de Mazatlán, Sinaloa. Confirmó que su hermano Benito les había enviado la carta citada. Luego, en una tarjeta de la DFS se menciona que el 14 de julio de 1976 Gabino Tafoya Barrón fue presentado a la DFS: "… esta oficina lo interrogó y se informó que este elemento no pertenece a grupos subversivos [*sic*], y la única relación que ha tenido con ellos es por el hecho de ser hermano de una militante de la LC23S de nombre Raquel con los mismos apellidos, la que desde abril de 1975 se encuentra recluida en el penal de mujeres de Mazatlán".

Insistí una vez más:

—Los vuelos y tiradero de cuerpos al mar eran, dice usted, de Acosta Chaparro.

—Acosta sabe todo. Acosta se le metió al exgobernador [Rubén Figueroa], ese cabrón agarró a Acosta y ése era el que ordenaba todo. Ése fue el que declaró ante un periodista francés: "No hay desaparecidos, todos están muertos". Acosta era su mano ejecutora.

"Con Acosta trabajaba el que fue secretario de la Defensa, [Enrique] Aguirre Cervantes. El ideólogo de la Brigada Especial [Brigada Blanca] fui yo. El operativo y jefe de la Brigada era Quirós Hermosillo. Acosta andaba de arriba pa' bajo y usaba el nombre de Quirós.

"El hijo del exgobernador sabe todo de Acosta. Inclusive, lo está ayudando por debajo del agua [esta entrevista se realizó el 23 de noviembre de 2006]. Acosta usó el nombre de Quirós en muchas chingaderas, en las drogas también.

Acosta Chaparro y Quirós Hermosillo fueron juzgados por tribunales militares por delitos contra la salud y al final fueron exonerados.

"Yo sé, mi nombre lo usaron en los coches de Estados Unidos". A Nazar le abrieron un proceso en ese país por robo de vehículos que luego eran vendidos en México, pero el juicio se suspendió. "Por eso yo fui a demandar a los gringos".

Nazar observó después una fotografía en la que aparece el coronel Salvador Rangel Medina y otros personajes. La imagen también se encuentra en el AGN. Luego de unos instantes su rostro se iluminó: "¡Este general es un chingón! [Joaquín Solano] Chagoya, éste estaba... Éste es mi padrino [Salvador Rangel Medina], ya murió".

Luego, relató otro acontecimiento:

"El general Chagoya —reiteró— es un chingón. Agarró a unos guerrilleros en Oaxaca. Yo lo conocí ahí. Esa ocasión informó la Defensa a Gobernación que los había detenido. Y en Gobernación me dijeron: 'Vaya a interrogarlos'. Cuando llegó a las instalaciones castrenses, el general dijo: 'Se fugaron anoche, se me fueron'. 'Déjeme informar que se le fueron, mi general. Lo van a consignar a usted por...'. 'No, a mí no me consigna nadie'.

"Un general, ¡puta madre!, ¡de un carácter! ¡Éste sí es general! Ya me iba yo, cuando me dijo: 'Ya le dije que se me fugaron'. 'Sí, mi general, ya voy a México...'. '¡Se me fugaron, pero al otro mundo, hijo de la chingada!'. Después de eso, siempre me cayó bien, era un buen general.

"Salvador Rangel Medina también fue buen general. ¡Qué bueno que tengamos este tipo de militares, nombre!

"¿Y todo esto está en el AGN? ¡Qué pendejos fuimos!, ¿verdad? Nunca debimos tener archivos. Debimos quemarlo todo, ¡carajo! Quién se iba a imaginar, ¿verdad? De verás, Seguridad [la DFS] no debería tener archivos. ¡Qué pendejos!".

—Esos documentos pueden ayudar a reconstruir la historia...

—Lo que pasa es que ellos estaban en guerra, se levantaron en armas. ¡¿Qué?, ¿les llevábamos flores?! Hubo enfrenta mientos. Yo tengo un balazo aquí. —Mostró su rodilla izquierda. Una bala le fue disparada mientras participaba en el rescate de familiares de Dolores Olmedo—. ¿Entonces qué?

Para el Tigre no había posibilidad de recluirlos, de tenerlos en prisión por muchos años.

—En este país, si lo meten a prisión y tiene dinero, usted sale por la puerta grande.

—Pero la mayoría no tenía dinero.

—¿Y los asaltos bancarios?, ¿y el robo de armas? Tenían más dinero que el gobierno. Cheque cuántos bancos robaron. Poco a poco llegaron a tener poder económico y armado. ¡Sí, señor! La base, el núcleo de ellos estaba en Corea. Les enseñaban. ¿Por qué no sacan el archivo de lo que aprendieron en Corea del Norte? Les pusieron mujeres divinas, encueradas, para que dominaran su mente. El guerrillero debe dominar su mente y las tentaciones. Todo está escrito. Su encomienda era volar todas las presas, carreteras y puentes internacionales que existían. '¿Y el dinero?', les decían allá. 'El dinero está en el banco, joven'. '¿Y las armas?'. 'Los soldados tienen todo eso, ya les enseñamos a robar'. Con eso vinieron.

Para el exdirector de la DFS, la historia de la guerrilla en México está relacionada con dos hechos: el primero de ellos, el ataque al cuartel de Madera, en Chihuahua, el 23 de septiembre de 1965; y la Conferencia Tricontinental que se llevó a cabo del 3 al 15 de enero de 1966, en La Habana.

"Un grupo de [jóvenes comunistas] mexicanos asistió a ese encuentro. Allí se dijo que los guerrilleros deben tener varias trincheras. Las universidades son trincheras por la autonomía, y el gobierno no puede ingresar a ellas abiertamente. Otra cosa que les enseñaron en la Tricontinental fue a abrir frentes guerrilleros, por eso hubo muchos grupos.

"Después vino la de Tlatelolco, y por lo ocurrido se generaron grupos de inconformes que se sumaron a los sobrevivientes del cuartel de Madera, y comenzaron a robar bancos simultáneamente en Chihuahua, en el Distrito Federal y en Monterrey.

"Algunos grupos actuaban aislados, y otros, unidos, como ocurrió con el Movimiento de Acción Revolucionaria (MAR) y los que sobrevivieron a Madera. En 1973, hicieron una convocatoria para todos los grupos. La reunión se llevaría a cabo en Guadalajara.

"Yo supe del encuentro y cómo se habían citado encapuchados. Yo encapuché a uno de mis agentes. Allí se acordó formar la Liga Comunista 23 de Septiembre. Le pusieron así en memoria de los muertos del asalto al cuartel de Madera. Yo obtuve la lista de los coordinadores, su organigrama y los comandos que no tenían más de siete integrantes. Los grupos se cambiaron de zona, los de la Ciudad de México a Chihuahua y los de allá a México para que no los ubicáramos. Además usaban seudónimos. El enlace era una persona a la que, como rango, identificaban con las letras A y AA. Estos últimos eran los que manejaban la guerrilla rural y urbana.

"Hicieron campaña, decían que no creían en Dios y en muchos pueblos los linchaban. ¿Por qué los linchaban? Porque el pueblo es fanático guadalupano. En términos generales tuvimos que trazar una estrategia porque no había coordinación en el medio policiaco".

Nazar aplicó su entrenamiento: señaló que los agentes de la DFS y particularmente los de la Brigada Blanca, cuando interrogaban a un detenido y éste decía no conocer el nombre de sus compañeros, preguntaban entonces por los alias.

"Que le dicen Óscar. Pues ¿cómo habla Óscar? Cada quien habla de acuerdo al estado de la República en el que nació o vive. Los veracruzanos no hablan como los campechanos, y así... Pues que hablaba como norteño y siempre hablaba de física. ¡Puta! Pues vámonos a Chihuahua. A los estudiantes de física les mostrábamos los álbumes hasta que nos decían: '¡Éste es!'.

"Yo los interrogaba. El día que quiera tráigame a alguien que guarde un secreto, y delante de usted yo lo interrogo y le saco el secreto. No soy muy chingón, pero le saco la verdad porque sé interrogar. Cuando secuestraron al nieto de Dolores Olmedo, agarré a uno para que confesara y saber dónde estaba el secuestrado. Lo agarraron los muchachos.

"Le dije: '¿Vas a hablar o machaca de huevo? ¿Haz comido machaca de huevo?'. 'Sí'. '¡Te vamos a tronar los huevos con una pistola, ésa es machaca!'. ¡Y habló!".

—¿Quién fue el que más trabajo le costó interrogar?

—Un guerrillero. No me acuerdo de su nombre, pero tenía planes para secuestrar al regente. Y yo llamé al regente para que escuchara el interrogatorio: "¿Cómo te llamas?". "Fulano de tal". "¿Dónde vive tu mamá?". "Ya murió". "¿Dónde vive tu papá?". "Ya murió". "¿Tienes abuela?". "Todos están muertos". "¿Dónde están enterrados? ¡Dime de tu mamá, los demás valen verga!". El mexicano siempre sabe en dónde tienen a la mamá enterrada. "No me acuerdo". "Tenemos detenido a tu amigo. Él sí se acuerda que no te llamas así... Que sí tienes familia, y vamos a sacar tus huellas para dar con ella y saber tu nombre... No seas pendejo, de una vez... dime".

Habló después de 24 horas. Me dijo la verdad. Llamé al regente y el detenido le contó todo.

Además, el Tigre aplicaba "técnicas" de presión psicológica. Ponía vigilancia y agentes a la distancia para intimidar a los objetivos y obtener información de los integrantes de los grupos guerrilleros. "Hay ocasiones en que se obtiene información sin pedirla. Hay personas interesadas en informar o desertores que informan. Nosotros reconstruíamos. Siempre hay un error y de allí agarras la pista".

Según Nazar las desapariciones fueron un mito: "No son ciertas. La prueba es que la gente estuvo detenida y salió en libertad. Que yo sepa no hubo desapariciones. Los muertos que hubo fueron en enfrentamiento". Afirmó que a él nunca se le llegaron a fugar los detenidos. "Lo que sí es, y lo digo. No estoy arrepentido de haber combatido contra aquellos que querían la toma del poder y convertirnos en un país de izquierda".

—Si usted no torturaba, ¿quién se encargaba de ello?

—El servicio secreto, [Arturo *el Negro*] Durazo, la Policía Judicial Federal, la Policía Judicial del Distrito Federal. Todas las policías estaban ocupadas de eso. La gente preferida de [José] López Portillo era Durazo y sus elementos. A nosotros nos correspondía enviar toda la información referente a la guerrilla al presidente. A Durazo se le entregaba por instrucciones del presidente.

Confronté lo que decía con documentos, testimonios aparecidos en la prensa o artículos que lo mencionaban.

—¿Todos los actos de detención, tortura, inclusive desaparición que le atribuyen a usted los ejecutaron Durazo y su muchachos?

—El hombre de confianza del presidente era Arturo Durazo, y los que participaban en los enfrentamientos eran de la Policía Judicial, el servicio secreto, la Brigada (Especial o Blanca).

Entonces habló de los sitios de interrogación en aquella época:

"En Tlaxcoaque, los separos estaban abajo y ahí los tenían a veces hasta 15 días, y aunque se hablaba con Durazo y se le decía: 'Ya consígnalo', él respondía: '¡No, saben muchas cosas y a la chingada!'.

"No es que quiera echarles la culpa, pero era el sistema de ellos. Yo no tenía separos ni nada oculto. A los detenidos los ponían en un cuarto de interrogación en el que había una silla, y a la hora de interrogarlos les ponían lámparas encendidas directas a la cara para que no supieran con quién trataban. Se les exigía que hablaran. Los exprimían, tenían temor de que los enviaran al Campo Militar y lo complicado que era. Les hablaban del 'pocito', de toques eléctricos o del 'tehuacanazo' que daban en el servicio secreto.

"¡Los guerrilleros no se dejaban agarrar tan fácil! Había enfrentamientos, caían muertos, y al tratar de identificarlos, en muchos casos me consta que no traían su verdadero nombre y que los enviaron al Servicio Médico Forense [Semefo], que sus familias nunca los recogieron porque no traían su verdadera identificación. De ahí obviamente fueron a dar a la fosa común. Ahí están los desaparecidos. Son los que se mandaron con otro nombre al Semefo y que cayeron muertos en la calle. Los agentes y policías muertos sí tuvieron nombre, sí le puedo decir dónde están enterrados".

Enfilado, el Tigre continuó defendiéndose en torno a los desaparecidos:

"¡No es cierto, no es cierto! Si cuenta los del 2 de octubre, los del 10 de junio [de 1971] y los de los guerrilleros, yo digo que no llegan a 100.

—¿La represión que hubo en México, aunque no tuvimos dictadura militar, se puede comparar con lo ocurrido en Chile o Argentina?

—Aquí no hubo tanta represión, pero fue igual el peligro (de que los grupos comunistas tomaran el control del país). Había coordinación entre grupos, lo tenían todo planeado, pero no fue mucha la represión. Aquí muchos fueron a la cárcel y son los que están atacando ahora. Pero allá (dijo en referencia a las naciones latinoamericanas donde surgieron grupos guerrilleros) no hubo ninguno (pues fueron ejecutados).

—Se ha documentado que había cuartos de tortura, cárceles clandestinas, y que muchos iban a dar a las instalaciones militares, igual que en el Cono Sur...

—Aquí todos iban a dar al Campo Militar número 1.

—¿Cómo es una persona que tortura?

—¡Un fanático del deber! Primero cree que lo que está haciendo lo hace bien. Yo le dije al juez de Monterrey [donde fue juzgado por la desaparición del estudiante y activista Jesús Piedra Ibarra]: "Usted me está diciendo que desbaraté a la guerrilla 23 de Septiembre, es decir, a mexicanos. ¡No, señor! Eran mexicanos por nacimiento, pero no eran mexicanos por haber entrenado en un país enemigo al nuestro.

—Si hubiera una comisión de la verdad...

—Diría lo que viví: la oficina en donde yo trabajaba se llamaba Dirección Federal de Seguridad. Cuidábamos la seguridad política, económica y social. Que hubo elementos entrenados en el extranjero con ideologías radicales que vinieron

227

a provocar problemas y afectar la paz social. Se convirtieron en grupos clandestinos que secuestraban, robaban, mataban, y entonces la DFS intervino por la incapacidad de otras policías. En criminología, cuando hay un crimen, los policías buscan la causa, testigos oculares y resuelven los casos. Pero, ante un grupo clandestino, oculto, que estaba integrado por personas de las que no sabíamos su verdadero nombre, los policías se tardaron porque no sabían manejar el sistema de infiltración, y fue así como pudimos descubrir todo.

—Lo acusan de haber desaparecido a opositores políticos...

—No hice tal cosa. El perdedor busca cómo vengarse. Nosotros tuvimos varios enfrentamientos. No nos recibían con una flor.

—¿En sus acciones llevó a cabo actos de venganza al desaparecer guerrilleros por haber asesinado a policías?

—¡Ellos no se dejaban, hombre! En una operación me informaron de una casa de seguridad. Los agentes de la DFS rodearon el inmueble y ellos se enfrentaron hasta que se les acabó el parque.

Contó que, en un operativo del que no recordaba la fecha ni la identidad de la persona involucrada, una mujer que quedó viva le dijo: "¡Me rindo!". En el enfrentamiento cayeron tres o cuatro de ellos, y cuando los agentes se acercaron a detenerla se pegó un balazo. "¡Eran fanáticos hasta el final. Ahora se dicen víctimas!, hubo enfrentamientos".

—Siempre se ha dicho que desde las más altas esferas del poder se dio la orden de desaparecer a los guerrilleros y opositores.

—Nadie dio la orden de desaparecer gente. Los que murieron en enfrentamiento traían licencia a nombre de Juan Pérez, y se enviaban al Semefo. Nunca operaron su nombre, no hubo desaparecidos. Por favor, no soy ni blanca paloma ni inocente, pero tampoco me carguen todo.

Enfadado, Nazar Haro remató: "Para matar y torturar se necesita ser un ignorante. El interrogatorio, sabiéndolo llevar, es muy científico".

16

Secuestros y desapariciones

FERNANDO ARANGUREN

"Yo no soportaba los secuestros. Estaba 100 por ciento en contra de los secuestradores. Qué es un plagiario: una persona que aprovecha los sacrificios de otros para robar su dinero a cambio de su vida. Y muchos cobraban los rescates y ejecutaban a sus víctimas, como sucedió con [Fernando] Aranguren [Castiello]".

El 10 de octubre de 1973, en la ciudad de Guadalajara, Jalisco, integrantes de la Liga Comunista 23 de Septiembre secuestraron al empresario Fernando Aranguren y al vicecónsul británico Anthony Duncan Williams.

Aranguren Castiello tenía 37 años de edad. Iba de su casa, ubicada en la calle La Rioja de la colonia Colomos Providencia, a la Zona Industrial, cuando fue interceptado por un grupo de hombres armados.

Llegó a ser considerado el más importante empresario de la región occidente del país y cercano a los hombres de dinero de Nuevo León y de la capital mexicana. Entre sus amigos se encontraban empresarios de la talla de uno de los propietarios de Grupo Alfa, Dionisio Garza; de los inversionistas de la Cervecería Cuauhtémoc; y del presidente de Grupo Bimbo, Lorenzo Servitje.

En 1967 fue electo presidente del Centro Empresarial de Jalisco. Estuvo en ese cargo durante un año, en el cual impulsó alianzas y desarrollo entre organizaciones empresariales de distintos puntos del país.

En el ámbito de las empresas familiares, promovió la aplicación de nuevas tecnologías a partir del desarrollo de las artes gráficas, y así, por ejemplo, logró que la Cervecería Cuauhtémoc utilizara algodón en las cajas de cartón para su producto.

Fernando Aranguren viajaba con el cónsul honorario Anthony Duncan Williams cuando fueron interceptados en el puente del Arroyo Chico, que comunica la vieja carretera que va de Guadalajara a Zapopan.

Los integrantes de la Liga Comunista 23 de Septiembre exigían al gobierno 5 millones de pesos y que liberara a 51 presos políticos a cambio de dejar en libertad a los secuestrados.

"A los dos los tenía secuestrados la guerrilla. Sus captores les pidieron que cada uno escribiera una carta a su familia", dijo Nazar Haro en la entrevista hecha el 29 de noviembre de 2005.

"El vicecónsul le dijo a su esposa: 'Mi amor, no te preocupes, estoy con estos muchachos que son sin razón, pero van a entrar en razón. Me han dado lo que les pido, no los juzgues mal, su movimiento no es político'.

"En cambio, ¡fíjese la diferencia! Aranguren le dijo a su esposa [Margarita Álvarez Bermejillo, con quien había procreado cinco hijos]: 'Oye, haz de tus hijos hombres de bien. No como éstos, que son producto de la delincuencia.

"Cuando leí las cartas le dije a la señora [a la esposa de Aranguren]: 'Van a matar a su marido. ¡Y lo mataron! Al que lo mató le decían *Fantomas* o *Fantasma* en la Liga. Él nos dijo que, cuando le ordenaron asesinarlo, no tenía corazón para ello, pero que era una orden revolucionaria, y le puso una cobija para poder dispararle. Después, el cuerpo lo dejaron abandonado en la cajuela de un carro, y además avisaron que al vicecónsul lo habían dejado en libertad.

"Solamente quien ha vivido hechos como ésos me entenderá".

Las referencias históricas señalan que Aranguren fue ejecutado el 16 de octubre y su cuerpo fue localizado dos días después.

El 24 de marzo de 2004, *La Jornada* publicó en su suplemento *Masiosare* un texto de Jesús Ramírez Cuevas en el que expone:

> A partir de ese momento, el gobierno mexicano lanza una campaña de exterminio contra la Liga mediante el asesinato, la tortura y la desaparición. Miguel Nazar Haro, subdirector de la DFS, declara esos días a la prensa: "La cacería ha comenzado".
>
> Semanas después, agentes bajo el mando de Nazar Haro detienen en el DF a Ignacio Olivares Torres, *Sebas*, y a Salvador Corral, *Roberto*, de la dirección nacional de la Liga. Ambos son destrozados literalmente en la tortura. De acuerdo con diversos testimonios, a Ignacio Olivares le destrozan todos los huesos, le meten clavos en las rodillas, en los hombros, y le estallan la cabeza. A Corral le hacen algo parecido. Como mensaje macabro, a Olivares lo arrojaron cerca de la casa de la familia Aranguren en Guadalajara, y a Corral, a unos metros de la casa de los Garza Sada en Monterrey.
>
> Poco antes, Pedro Orozco Guzmán, responsable del secuestro de Aranguren, es ejecutado por la DFS.
>
> Con estos crímenes inician las ejecuciones y desapariciones de la guerra sucia contra la guerrilla.

En respuesta, la Liga arrecia sus campañas de propaganda armada, secuestros y robo de bancos.

EL "SECUESTRO" DEL CÓNSUL Y VICECÓNSUL DE FRANCIA EN MÉXICO

El Tigre narró que, durante el gobierno de Luis Echeverría, en noviembre de 1973, cuando ya la guerrilla comenzaba a extenderse en el país, se disponía a iniciar una partida de dominó con varios de sus amigos, entre ellos Rubén Figueroa Alcocer [hijo del que fuera gobernador de Guerrero de 1975 a 1981, Rubén Figueroa Figueroa]. Estaban en el restaurante Centro Gallego, en la calle de Colima, cerca de las instalaciones de la DFS en la calle de Morelia, cuando un agente le dio un mensaje de Fernando Gutiérrez Barrios, entonces subsecretario de Gobernación.

"Me comuniqué con él y me informó que habían secuestrado al cónsul y al vicecónsul de la embajada de Francia. 'Ya está en el lugar el agente Gutiérrez Santos y elementos de policía. Vaya a ver cómo soluciona esto'. Ambos diplomáticos habían sido retenidos dentro de la embajada. Me enteraron los agentes que se trataba de 'un tipo que viene herido de una pierna y tiene al cónsul y al vicecónsul'. '¿Hay teléfono donde los tienen?'. '¡Sí!'.

"Llamé. Contestó el secuestrador y le dije: '¿Quién hablaaaa?'. '¡¿Con quién quiere hablar?!'. '¿Quién eres tú?', dije, haciendo el papel de maricón. '¿Y quién es usted?'. 'Soooooy embajadooor de Relaciones Exteriores'. De por sí había fama de eso entre los diplomáticos. Añadí: 'Quieeero hablar con usteeed'.

"Dejé credencial, pistola y todo lo que pudiera comprometerme con Gutiérrez Santos y subí.

"En cuanto me vio el secuestrador me apuntó con la pistola que llevaba. Cuando lo hizo pegué un grito: '¡Ayyy, ¿qué haces?!'. '¡Suba. ¿Qué quiere?!'. '¿Qué quieres tú?, para que yo pueda ayudar'. 'Quiero ir a Francia y que allá me operen la pierna'. 'Tengo fuero diplomático y nadie te puede tocar. Vamos al aeropuerto, vemos lo del avión y que abordes'. 'Sí, pero me llevo al cónsul y al vicecónsul'. 'Entonces no podrás llegar a París, la policía te va detener llegando. Si yo te llevo hasta la aeronave nadie se dará cuenta que cometiste un secuestro, y te vas'. Aceptó.

"Antes de que saliéramos de la embajada le dije a *Drácula*, un agente del servicio secreto: 'Quiero un chofer y otro de la Federal de Seguridad en el coche del embajador'.

"Me senté en la parte trasera con el secuestrador. Le pregunté: '¿Qué te pasó?', y posé mi mano en su pierna. Me quitó la mano. Dijo que fue herido en un asalto a un banco. Su apodo era *Doctor Ulises*. Se llamaba Miguel y era de Monterrey.

"Le contesté: 'Pues qué bueno que te vas a París'. Pero no soltaba la pistola, siempre me llevó encañonado.

"Así llegamos al aeropuerto. Le pregunté si llevaba dinero. Ya sabe, cuando a uno le ofrecen dinero lo primero que mira es la bolsa del otro y cuánto va a sacar.

"En cuanto desvió la mirada, el Drácula, que se había colocado detrás de él, lo tomó del cuello. El secuestrador no soltaba la pistola. Me lancé hacia él y se le fue un disparo que pegó en el piso y luego en su zapato. Cuando estábamos forcejeando con él llegaron más elementos del servicio secreto.

"Ya dominado, me señala su pierna izquierda y dice: 'Otro balazo, ya me habían dado uno aquí', y muestra su rodilla. Resulta que le habían dado un tiro durante la captura de los guerrilleros que tenían secuestrados a Tobías José Simón y su hijo Alejandro José Philips, yerno y nieto de Dolores Olmedo.

"Total, lo dominamos. Lo llevamos a la Federal de Seguridad y ya en las oficinas me comentó: '¡Híjole, qué bárbaro! ¡No me había dado cuenta! Hasta ahorita descubro quién es usted'.

"Mi nombre era conocido por la propaganda de los guerrilleros. A él lo consignamos y quedó encarcelado en Monterrey".

Paradójicamente, 31 años después, Miguel Nazar Haro fue detenido en febrero de 2004 en la Ciudad de México, con base en una orden de aprehensión emitida por el Juzgado Cuarto de Distrito con sede en Monterrey, Nuevo León, y por ello estuvo encarcelado en el penal de Topo Chico. Al exdirector de la Federal de Seguridad se le acusaba entonces de ser presunto responsable del delito de privación ilegal de la libertad en contra del estudiante y activista Jesús Piedra Ibarra (hijo de Rosario Ibarra de Piedra, hecho ocurrido en 1975). El joven, integrante de la Liga Comunista 23 de Septiembre, forma parte de la lista de personas que fueron reportadas como desaparecidas por instancias gubernamentales durante la guerra sucia en los años en que Luis Echeverría gobernó México.

En su etapa de interno en Topo Chico, el Tigre fue hospitalizado varias veces en una clínica de la capital neoleonesa para ser atendido de diversas afecciones. "[Una de esa veces] el director del nosocomio me dijo: 'Aquí trabajó Miguel Torres Enríquez [identificado en la Liga Comunista 23 de Septiembre

como el *Doctor Ulises*, quien participó en el intento de secuestro del empresario Eugenio Garza Sada en diciembre de 1974].
'¡Utaaa! ¿Y sigue?'. 'No, ya no'. ¡Qué cosas!".

EL SUEGRO DE ECHEVERRÍA

El 28 de agosto de 1974, José Guadalupe Zuno Hernández, gobernador de Jalisco de 1923 a 1926, viajaba en su automóvil, un Ford con placas HSU862. Iba en el cruce de las calles Revolución y Constancia, cuando lo secuestró un comando de las Fuerzas Revolucionarias Armadas del Pueblo (FRAP).

Era considerado un político destacado en esa entidad. También ejerció como caricaturista, escritor, pintor y docente. Pero sobre todo destacaba en el ámbito nacional porque era el suegro del entonces presidente de la República, Luis Echeverría Álvarez.

Los plagiarios exigían el pago de 20 millones de pesos, la liberación de un grupo de integrantes de las FRAP y que cesara la guerra contra los grupos subversivos.

El mandatario no emitió ningún mensaje en torno al plagio de su suegro, mientras que en Jalisco se realizaron manifestaciones ciudadanas exigiendo la liberación del también periodista.

El 29 de agosto de 1974, luego de que los integrantes de las FRAP difundieron un comunicado en el que exponían sus demandas, el entonces titular de la Procuraduría General de la República, Pedro Ojeda Paullada, declaró a los medios de comunicación: "El pueblo y el gobierno no pactan con criminales".

José Guadalupe Zuno Hernández, de 81 de edad en ese entonces, tenía problemas cardiacos y padecía diabetes.

"Fue un caso muy interesante. Cuando pasó eso me llevé a un grupo de agentes y alquilamos una oficina. Ahí comíamos, dormíamos, nos bañábamos, y no salíamos más que para realizar alguna investigación. Porque en ese tipo de asuntos se da mucho que la gente te llame para dar datos falsos, y entonces me llovían llamadas que aseguraban haberlo visto en tal o cual pueblo y todo debía estudiarse.

"Como parte de la estrategia, pedí al gobierno de Jalisco que me mandaran 40 patrullas. También pedí apoyo del Distrito Federal y enviaron algunas unidades. Trazamos en un mapa de Guadalajara y su zona conurbada rutas a seguir, y enviamos las patrullas con sirena abierta todo el día. Eso fue una guerra psicológica. Algunas unidades tendrían que pasar por donde lo tendrían en cautiverio, lo que provocaría temor en los plagiarios y causaría discusiones entre ellos. Por ejemplo, algunas de sus reacciones debieron ser 'Ya nos ubicaron', 'Nombre, espérate' o 'Mejor nos vamos de aquí'.

"Trabajamos el divide y vencerás. Así tuve las patrullas durante varios días. El pueblo estaba cansado de tanto ulular. Consideramos haber causado nerviosismo entre el grupo de secuestradores. Los periódicos mencionaban nuestras actividades, y buscaban también todos los días alguna información que les fuera útil.

"Finalmente, sonó el teléfono. Preguntaron por mí. El hombre que llamó me dijo: 'Señor, yo soy hermano mayor de cinco, mi familia a duras penas se mantiene en la vida. Yo soy parte del grupo secuestrador. Fui estudiante hasta que terminé la preparatoria. Ya no pude seguir en la escuela. Mi anhelo es ser abogado, no tengo los medios y yo sé dónde está el señor Zuno. Yo también estoy cuidándolo. Pero tengo miedo a lo que pueda pasarme porque soy el único sostén de mi familia. Le doy los datos a cambio de que me deje ir'. Lo interrumpí para decirle: 'Te prometo que a ti no te pasará nada. ¿Cómo te llamas?'. 'Mi nombre no se lo voy a decir'. 'Te prometo que hago que estudies tu carrera de abogado, yo te la pago. Ven a hablar conmigo'. 'No. Un día me le voy a presentar y le pediré que cumpla su promesa. Eso será cuando esto acabe. [Zuno] está en tal parte'.

"¡Utaaa, a moverse! Detuvimos a 14, pero el grupo era de 18. Cuatro se fueron".

Zuno Arce estuvo en cautiverio durante 11 días en el 1045 de la calle Gregorio Torres Quintero, en el sector Hidalgo. A 15 minutos de distancia de donde fue interceptado.

"Tras ingresar a la casa y detener a algunos de los involucrados, subimos en un vehículo al señor Zuno. Iba descalzo y mugroso. Lo llevamos a su casa y en el trayecto me reporté e informé que ya llevaba al suegro del presidente. Les dije: 'Está muy decaído, desvelado y todo eso'. Me indicaron: 'Entre por atrás de la casa'. El domicilio tenía dos entradas. Pregunté que por qué no por el frente, que lo vean los periodistas. '¡Se le está ordenando que por atrás!' fue la respuesta que obtuve, con el agregado de '¡Que nadie lo vea así!'.

"Entramos por la puerta de servicio. Lo bañaron, lo cambiaron, le pusieron un buen traje y zapatos nuevos, y lo presentaron. Así empezó la duda de su secuestro y que por estar enfermo había pasado un tiempo internado en Houston. Quedó la duda, pero así fue".

La investigación duró un mes, señaló Nazar. Entre los detenidos estaban David López, Pedro Casián Olvera, Juan Razo González y Eduardo Martínez Moreno. El caso —se dijo— fue organizado por los hermanos Campaña López, dirigentes de las Fuerzas Revolucionarias Armadas del Pueblo (FRAP).

LOS QUE VAN A MORIR TE SALUDAN

—A usted lo acusan de haber desaparecido a integrantes de grupos guerrilleros.

—No lo hice. El perdedor busca cómo vengarse. Nosotros tuvimos varios enfrentamientos, no nos recibían con una flor. ¡Eran fanáticos hasta el final! Ahora se dicen víctimas. Hubo enfrentamientos.

"Cuando fui subdirector, nos apoyaron agentes de la Judicial Federal en el rescate de Tobías José Simón y su hijo Alejandro José Philips, yerno y nieto de Dolores Olmedo. Ambos fueron secuestrados el 27 de noviembre de 1973. Un día después, le dije a Florentino Ventura: 'Tú vas al mando'. Respondió: 'Bueno, jefe, los que van a morir te saludan'. ¡Uuuuh! Gruñí y decidí ir con ellos, pero abordé un taxi afuera de la Federal.

Dolores Olmedo fue una gran figura de la cultura en México. "A lo largo de su vida se dedicó a edificar y formar obras públicas, además de una extensa colección de obras de arte, así como buenas amistades y relaciones en el mundo entero, debido a la promoción turística en el país y a sus diversas manifestaciones artísticas. Trabajó con Diego Rivera, David Alfaro Siqueiros y José Clemente Orozco", señala su página de Wikipedia.

Florentino Ventura se desempeñó como primer comandante de la Policía Judicial Federal. Llegó a ser considerado en círculos policiacos como uno de los mejores investigadores. Se quitó la vida después de asesinar a su esposa frente a Perisur en septiembre de 1988.

"El punto de encuentro con los secuestradores para pagar el rescate era la Plaza de Toros México. Ordené que vigilaran todas las entradas al lugar. Cuando los agentes comenzaron la operación, yo di vueltas a la plaza a bordo del taxi. Me di cuenta que a la hija de Dolores Olmedo se le acercó un coche: eran los secuestradores.

"De ese coche se bajó uno. Yo hice lo mismo y tontamente grité: '¡Están detenidos, desciendan del automóvil!'. Yo llevaba una pistola en la mano. Uno de los secuestradores portaba un arma y alcanzó a abrir fuego, pero su disparo pasó por aquí [el Tigre se llevó la mano a la sien derecha]. Disparé también. Murieron tres de ellos.

"Había otros secuestradores en la zona y uno de ellos me disparó. La bala dio en mi rodilla. El atacante fue sometido y lo trasladamos a la Federal de Seguridad. Lo interrogamos y nos condujo a Xochimilco.

"Aunque no aguantaba el dolor, así me fui con el resto del grupo. Encontramos al yerno y al nieto de Dolores Olmedo en una fosa. Los tenían listos para matarlos, aun y cuando les pagaran el rescate.

"Esta versión la puede confirmar el yerno de Dolores Olmedo. A mí me regañó [Mario] Moya Palencia [secretario de Gobernación en el sexenio de Luis Echeverría]. Me dijo: 'Usted es el subdirector, no tiene por qué andar en la calle'".

17

El Pollo, de mano dura y trato suave

El veracruzano Fernando Gutiérrez Barrios (1927-2000) se formó en el Ejército mexicano, donde alcanzó el grado de capitán. Como militante del Partido Revolucionario Institucional (PRI) se posicionó como uno de los hombres importantes del viejo sistema político y se convirtió en uno de los artífices de la guerra sucia contra los grupos subversivos que surgieron en el país en los sesenta.

Ingresó a las filas de la DFS en 1964, cuando Gustavo Díaz Ordaz era presidente de la República. En la corporación ascendió, y en 1970 fue designado por Luis Echeverría Álvarez como subsecretario de Gobernación.

En la DFS coincidieron Gutiérrez Barrios y Miguel Nazar. En 1970 este último fue designado subdirector de esta corporación. El titular de Gobernación era Mario Moya Palencia, y al frente de la DFS se nombró al capitán Luis de la Barreda Moreno.

Durante décadas, Gutiérrez Barrios manejó los cuerpos de inteligencia del Estado mexicano. Documentos de Estados Unidos lo señalan como parte de un grupo de altos funcionarios que fueron informantes de la Agencia Central de Inteligencia estadounidense (CIA). Se les identificaba con el nombre clave de LITEMPO; los diferenciaban con números. Entre ellos también estaban Gustavo Díaz Ordaz y Luis Echeverría.

En octubre de 2006, con base en informes desclasificados del gobierno de Estados Unidos, el periodista Jefferson Morley, columnista del *Washington Post*, documentó que el político mexicano se convirtió en informante de la CIA. Su reclutador fue el encargado de la agencia estadounidense en la Ciudad de México, Winston Scott, quien había llegado a esta oficina en 1956.

En los archivos de la CIA, que se pueden consultar en The National Security Archive,[1] se señala:

> Scott también cultivó una relación con Fernando Gutiérrez Barrios, quien era conocido como LITEMPO-4, en la DFS. Scott conocía al Pollo [como le decían a Gutiérrez Barrios] por lo menos desde 1960. Gutiérrez Barrios asistió a Scott en los días de pánico posteriores al asesinato del presidente John F. Kennedy, en noviembre de 1963, al interrogar a los mexicanos que habían tenido contacto con el presunto asesino, Lee Harvey Oswald.

Asimismo, se menciona que en 1966, un subordinado no identificado de Gutiérrez Barrios, conocido como LITEMPO-12, comenzó a tener reuniones diarias con George Munro, uno de los oficiales de confianza de Scott, para traspasarle copias de reportes sobre personajes subversivos provenientes de sus agentes de la DFS. De acuerdo con un documento de la CIA, LITEMPO-12 se convirtió en la fuente más productiva de inteligencia sobre el Partido Comunista de México, los

---

[1] https://nsarchive2.gwu.edu/NSAEBB/NSAEBB204/index2.htm

cubanos en exilio, los trotskistas y los grupos culturales de bloque soviético.

En su trabajo, Scott se encontraba obsesionado sobre una posible influencia del comunismo y de Cuba en México, pero renuentemente concedía que el movimiento estudiantil no estaba controlado por los comunistas. Aquel verano, la embajada de Estados Unidos compiló una lista de 40 incidentes aislados de agitación estudiantil desde 1963. Veintitrés de los incidentes fueron motivados por carencias escolares. Ocho protestas concernían a problemas locales. Seis fueron inspiradas por Cuba y Vietnam. Cuatro de las manifestaciones plantearon demandas relacionadas con el autoritarismo del sistema mexicano.

En junio de 1968, el embajador norteamericano Fulton *Tony* Freeman convocó a una reunión con Scott y otros miembros del equipo de la embajada. Francia acababa de ser desbordada por manifestaciones estudiantiles tan masivas que hicieron caer al gobierno. Freeman quería discutir si lo mismo podía ocurrir en México. Debido a sus contactos en Los Pinos, las opiniones de Scott tenían un gran peso.

Scott y sus colegas llegaron a la conclusión de que Díaz Ordaz podía mantener la situación bajo control.

Durante su gestión como subsecretario de Gobernación, Gutiérrez Barrios impulsó las actividades de la DFS y los embates contra los grupos guerrilleros que actuaban en México. No obstante, se convirtió en amigo de Fidel Castro Ruz y de Ernesto *Che* Guevara.

En julio de 1956 Fernando Gutiérrez Barrios y sus agentes capturaron a Fidel Castro junto con un grupo de rebeldes que más tarde buscarían derrocar a Fulgencio Batista y tomar el poder en Cuba. Detectó que los guerrilleros cubanos recibían adiestramiento militar en una zona rural cercana a la Ciudad de México. Entre ellos el Che Guevara y Camilo Cienfuegos.

Durante las entrevistas a Nazar Haro, éste aseguró que, durante el tiempo que conoció a Gutiérrez Barrios, también supo que el político veracruzano había protegido las actividades y los entrenamientos que los hombres de Fidel Castro recibían en los llanos de Ayotla y en el rancho Santa Rosa, en Chalco, en el Estado de México.

Según la versión de Nazar Haro, Gutiérrez Barrios podría haber aportado recursos para que, la madrugada del 25 de noviembre de 1956, Castro Ruz, el Che Guevara y Camilo Cienfuegos encabezaran el grupo de 82 milicianos que navegaron a bordo del yate Granma, desde el río Tuxpan hasta una zona conocida como el pantano de Los Cayuelos, en Cuba.

"Al único que Fidel Castro le enviaba puros de los que él fumaba, por la gran amistad que surgió entre ambos, era a Gutiérrez Barrios".

En su libro autobiográfico, *Guerrillero del tiempo: Conversaciones con el líder histórico de la Revolución cubana*, Castro Ruz señaló: "[El funcionario mexicano] se dio cuenta del sentido de nuestra lucha, de quiénes éramos, qué hacíamos". Y agregó: "Llegó a sentir aprecio por nosotros y por todo el movimiento. Fue uno de los fenómenos que se produjeron en medio de tal desastre: nació una relación de amistad y de respeto con el principal jefe de la Policía Federal".

Para los líderes de la Revolución cubana, Gutiérrez Barrios se convirtió en "el capitán caballero".

Gutiérrez Barrios llegó a ser considerado uno de los posibles aspirantes a la presidencia de la República durante el gobierno de Carlos Salinas de Gortari, pero su distanciamiento con el poder y sus críticas a la reforma constitucional en materia religiosa, que permitieron el restablecimiento de las relaciones con el Vaticano, hizo que lo removieran de su cargo como secretario de Gobernación, y con ello terminaron sus aspiraciones.

Aun así, se le consideraba un hombre con mucho poder e intocable por los secretos que guardaba, entre ellos, la manera en que se combatió a los opositores políticos del régimen priista y a los grupos subversivos del país durante los gobiernos de Díaz Ordaz, Luis Echevarría y José López Portillo.

Sin embargo, el 9 de diciembre de 1997 todo cambió. Gutiérrez Barrios fue privado de la libertad y durante varios días su plagio fue ocultado. Toda la información sobre el caso se cerró y su "desaparición" se volvió un "rumor". Sus colaboradores cercanos indicaron que no había sido secuestrado, que se encontraba de vacaciones.

Durante nueve días corrieron muchas versiones. Una de ellas: que se trababa de actos provenientes de las altas esferas del poder político mexicano y que había sido plagiado por integrantes de un grupo guerrillero, concretamente, el Ejército Popular Revolucionario (EPR).

También se llegó a señalar que Miguel Nazar Haro, desde su oficina privada, estaba a cargo de negociar la liberación de Gutiérrez Barrios.

El viernes 15 de diciembre de 1997, el teniente Alfonso Nevada Tejeda negó, rotundo, que su jefe estuviese desaparecido: "¡Negativo absolutamente!, don Fernando Gutiérrez Barrios y su esposa se encuentran fuera del país disfrutando de unos días de descanso", dijo a los medios de comunicación.

Días más tarde, igual que ocurrió con el plagio, comenzaron a discurrir versiones que señalaban que el exsecretario de Gobernación, exgobernador de Veracruz y exsenador de la República había sido liberado y que por ello se pagó un rescate de entre 6.5 y 10 millones de pesos.

Con Nazar Haro el tema se hizo presente el 21 de diciembre de 2005 y en febrero de 2010:

"Como director [de la DFS], don Fernando fue un gran analista político y un hombre que sabía informar, y de antemano, a dónde iba el país. [Fue] muy querido en el medio político y entre nosotros los agentes. Siempre nos dio muy buenos consejos. Yo en lo personal le debo haberme enseñado a investigar".

El Tigre reconoció haber participado en la liberación de quien fuera su jefe y amigo: "Lo resolví aprovechando los errores de sus captores".

El día del secuestro Gutiérrez Barrios iba en su coche. Había salido de comer en un restaurante de comida típica de Veracruz, cuando un comando lo interceptó a él y a su escolta en la esquina de Miguel Ángel de Quevedo y Fernández Leal, en la entonces delegación Coyoacán.

"Él ya tenía una vida privada y yo también. Cuando sucedió yo estaba dormido. A las nueve de la noche me llamó su secretario, me pidió que lo viera de manera urgente en Periférico, por Televisa San Ángel. Mi casa estaba cerca de allí. Cuando nos encontramos me dijo que habían plagiado a don Fernando.

"Él me dijo que cuando tuviera problemas abriera su caja fuerte y viera una carta. En ella dice: si algo me pasa o tengo problemas avísenle únicamente a Miguel Nazar, él podrá resolver esto. Por eso le llamé'. '¿Han llamado los secuestradores?'. 'Hasta ahorita no'. 'Bueno, vamos a estar pendientes del teléfono'.

"Ahí nos la pasamos dos días, hasta que recibimos noticias de los secuestradores y nos señalaron el monto a pagar. Les dijimos que no se iba a pagar porque no tenía dinero.

"Del otro lado de la línea respondieron: 'Dile a ese jijo de tal por cual de Nazar que, aunque él esté asesorando, con nosotros no va a dar'.

"Llamé, entre otros, a [Luis] Echeverría. Le conté lo sucedido y que se necesitaba dinero. Echeverría me respondió que tenía 50 mil pesos. ¡Le colgué! ¡¿Cómo 50 000 pesos?, ¿no que era amigo de Gutiérrez Barrios?!

"Los secuestradores me conocían, lo que significaba que tenían información desde la intimidad de la casa. Entonces pedí que les contestaran que yo también sabía quiénes eran, que si le faltaba un pelo a don Fernando, les iba a hacer y deshacer el alma. Ya no respondieron nada.

"Al tercer día le dije a la familia: 'Quiero que todo el personal de la casa vaya a mi oficina, y la escolta que traía también, incluyendo al chofer'. ¡Uno por uno los interrogué!

"El escolta me dijo: 'De repente salieron los secuestradores y nos echaron gas'. El chofer contó que a él no le habían echado gas y que sólo escuchó cuando le dijeron a don Fernando: '¡Bájese!', y él les respondió: 'Sin violencia, voy con ustedes a donde quieran'. Y se lo llevaron".

Nazar insistió con el chofer. Cuestionó nuevamente si no le habían echado gas. Reiteró su negativa. Le preguntó cuánto tiempo tenía trabajando con Gutiérrez Barrios. Respondió que 20 años.

"Que no lo gasearan no me cupo en la cabeza. Entonces consideré que el chofer tuvo que ver con el secuestro. Yo le dije a la Judicial que lo detuvieran, y una vez capturado se asustó y soltó la lengua.

"Cuando don Fernando regresó le conté que el chofer estaba involucrado. Había sido su idea a partir de no haber recibido lo que él consideraba era una indemnización por una circunstancia generada por uno de los hijos de Gutiérrez Barrios.

"No lo creía, decía que lo había tratado bien siempre, que le pagaba buen sueldo y le daba todo. Le dije: 'Ya ves, eso pasa a veces por darlo todo'. Pero eso nos permitió que la policía agarrara a la banda".

A decir de Nazar —que pidió no revelar el incidente que llevó al plagio—, sí se trató de un abuso y el chofer del político veracruzano resultó afectado.

El 30 de octubre de 2000, a consecuencia de un infarto de miocardio, falleció Gutiérrez Barrios. La embajada de Cuba en México expresó su "dolor" y "consternación" por el fallecimiento de un hombre que había sido un "amigo histórico" de la isla, y en especial de Fidel Castro.

El entonces dirigente del Partido de la Revolución Democrática (PRD), Jesús Zambrano, declaró: "[Gutiérrez Barrios fue] el hombre leyenda, uno de los pilares del sistema político mexicano. Es sintomático que, mientras éste fenece, también muere uno de los políticos que actuó durante la época más sangrienta del sistema: 1968 y el combate a la guerrilla en los primeros años de la década de los setenta".

18

Los presidentes

"Un presidente de la República puede hacer mucho, siempre y cuando tenga apoyo, pero al mismo tiempo hay intereses contrarios a los del mandatario y no dejan avanzar sus planes. ¿Por qué no lo apoyamos sea quien sea? Yo no quiero juzgar a ningún hombre en el poder.

"Un gobernante tiene todos los medios para servir a su pueblo y debe fijarse como meta sobresalir ayudando a su pueblo en educación y en bienestar. Parece mentira que un salario mínimo no alcance para vivir, ¡no puede ser! La remuneración económica debe estar nivelada al trabajo".

La prisión domiciliaria le causó estragos. Su salud estaba mermada y su ánimo sobre su futuro —consideraba— era el de un hombre derrotado por quienes querían vengarse del sistema que los combatió cuando formaron parte de grupos armados.

En septiembre de 2005 el Tigre expresaba:

"La patria es sagrada y los hombres manejan un sistema sin memoria que desecha a quienes le han servido. ¿Por qué? Pues porque se olvida lo bueno que se hizo. Todos son buenos para muchos cuando están en el poder, y luego son atacados y cuestionados: Arturo Durazo Moreno dio seguridad en el Distrito Federal como jefe de la policía; Fernando Gutiérrez

Barrios, Javier García Paniagua... todos están muertos, todos participaron dando seguridad al país, defendiendo al sistema. Sólo queda el último vikingo: ¡yo!, el último de los mexicanos que queda vivo de aquella época y de esa lucha. Se desquitan conmigo. ¿Qué mal hicimos todo este grupo? ¿Qué hicimos mal?

"México estaba bajo un sistema de orden, de respeto a las instituciones, de respeto al presidente de la República. Como en todos los países, hubo inconformes, grupos de estudiantes que empezaron a tener clases de comunismo, y en esas épocas el sistema mundial político quería dividir al mundo: esto para Estados Unidos, esto para la URSS. Ése era el gran plan. Por ello [los comunistas] buscaron entrenar jóvenes para causar problemas en México. Pero nuestro país tiene su propia concepción, somos una raza orgullosamente superior a todas, porque somos creyentes de nuestra nacionalidad, creemos en nuestra familia, adoramos a nuestra madre, a nuestra patria, y adoramos ser disciplinados".

En la visión de Nazar, el último ideólogo del sistema y que benefició al país fue Lázaro Cárdenas, al nacionalizar el petróleo.

"Manuel Ávila Camacho mandó al Escuadrón 201 para quedar bien con los gringos en la Segunda Guerra Mundial. Miguel Alemán, el primer presidente civil, fomentó la industria, quería que funcionara el campo y el campo alimentara al pueblo. Los de la industria eran sus amigos. Hizo millonario a Juan de la chingada, empezó a industrializar a México, enriqueció a unos cuantos y al campesino lo volvió obrero, por eso vinieron a la ciudad, a las industrias.

"Adolfo Ruiz Cortines se la pasaba echándole la culpa de lo que sucedía a Miguel Alemán. Posteriormente, Adolfo López Mateos dijo que quería dar a conocer internacionalmente a México, ¡y a viajar, chingá! Le encantaban los coches, tenía su colección de autos. ¿Y el pueblo qué? Le tenía culto a la personalidad. Recuerdo que mi abuela hablaba de López Mateos como un presidente guapo, las mujeres lo veían bien. Gustavo Díaz Ordaz encontró un pueblo cansado, a punto de estallar. Todo comenzó con los ferrocarrileros, y luego se viene la inconformidad y todos se mueven juntos, los médicos, los ferrocarrileros... Agarran la bandera los estudiantes, unen al pueblo a través de su familia y ya se sabe lo que pasó.

"Le siguió Luis Echeverría. Con la experiencia que tuvo el 2 de octubre [de 1968, cuando era secretario de Gobernación], dijo: 'Ya no hay que dejarlos ganar la calle', y el 10 de junio [de 1971] vino la manifestación que dio origen a la masacre del jueves de Corpus. Entonces, en vez de dividir la manifestación, los ametrallan. Luego vino la guerrilla. Llegó José López Portillo. Agarra el poder para cogerse a cuanta mujer había en México. Hasta le bajó la mujer al hijo del presidente que le dio el poder.

"¡Se traicionan ellos mismos, hombre! ¿Ernesto Zedillo no traicionó a Carlos Salinas? Si yo hubiera tenido experiencia y me hubiera desarrollado como comerciante, ni por todo el oro del mundo hubiera entrado al gobierno".

El viernes 6 de abril de 2007, Nazar Haro aseguraba que Andrés Manuel López Obrador crearía su propio partido.

"De plano, como están haciendo las cosas, el siguiente presidente podría ser militar, y llegaría mediante una elección, aunque sería necesario contrarrestar a López Obrador. Los militares se han ido preparando. Vean la Escuela Superior de Guerra, allí estudian administración. Preparan economistas chingones, ¡de verdad! Los militares se han preparado y estudian. Es el único remedio que hay para salvar este país, que vuelva lo militar, no un revolucionario. Uno preparado. Sería como, por ejemplo, un padre de familia que educa a sus hijos con disciplina, y ellos se preparan con disciplina, y en la vida se necesitan dos cosas: disciplina y educación. Los militares son los que arroparon de alguna manera a Echeverría y luego a López Portillo.

"Los políticos con Lázaro Cárdenas, todos andaban bien, como soldaditos. Con Plutarco Elías Calles estaban igual. Las cosas se empezaron a echar a perder y donde ya no hubo respeto fue con Echeverría y López Portillo. Después vino Miguel de la Madrid, y peor tantito. Con Carlos Salinas de Gortari salió mejor la economía, pero tuvo un hermano incómodo. Después viene el otro [Ernesto Zedillo], que antes de contar los votos de la elección para sucederlo ya estaba levantándole la mano al siguiente.

"Este país muere y nace cada seis años, y, a pesar de ello, este país no se lo van a acabar".

El 23 de noviembre de 2006, a una semana de que tomara posesión como presidente, dijo de Felipe Calderón: "Ése no será un buen presidente. Hubiera sido mejor López Obrador".

—Cada vez que le pregunto por Luis Echeverría, usted evade el tema. ¿Tuvo alguna diferencia con él?

—No estoy peleado con él.

—¿Él con usted sí?

—¿[Echeverría] ya lo dijo?

—Por sus respuestas se pudiera intuir.

—Si él se lo dijo, está mintiendo.

—¿Rompimiento entre usted y Echeverría?

—No que yo sepa.

—¿No tenían las mismas ideas, el mismo amor por su patria?

—Quién sabe cuál era la ideología de él. Yo sí conozco la mía. Mi ideología no era ni comunista ni capitalista. ¡Es mexicanista!

—¿No sabía cuál era la forma de pensar de Echeverría?

—Su ideología política la debía conocer su partido, no yo.

—Pero usted investigaba…

—No la de quienes estaban en el poder. No tengo partido. Aquí todos son rábanos: rojos por fuera cuando les conviene, y los pelan tantito y se vuelven blancos.

—¿Luis Echeverría qué se volvió?

—Para mí, un buen presidente. Yo lo veía en sus giras preocupado por los campesinos, por la producción de la tierra.

Él creó los mercados ambulantes y ayudó a la economía de las familias.

—¿Echeverría fue un hipócrita que lucró con este país?

—No creo que sea hipócrita. Me di cuenta durante su desarrollo como presidente de que estaba pendiente del país día y noche. Su mayor preocupación era el campo. Yo creo que era un hombre de carácter. ¡Que lo juzguen otros!

Hablando de presidentes y debacles, el 24 de noviembre de 2005 le pregunté a Miguel Nazar:

—¿Usted cuándo se convierte en un árbol caído para el sistema político?

—En 1982. —Se revolvió en su asiento y desabrochó el segundo botón de su camisa. Pidió que le abrieran la puerta del cuarto que usaba como oficina en el patio de su casa—. No voy a mencionar nombres, pero fue con un político de medio nivel. Tuve un disgusto y un pleito. Mi carácter no es político, es franco, y por un hecho a ese político se acabó mi carrera… Le dije que era un pendejo. Por esto y por esto. Jamás pensé, ¡jamás!, que ese político llegara a presidente. Debió haber dicho: "¡Me la debes, me la pagas, cabrón! Y ¡para fuera!". En su libró López Portillo dice que al final de su mandato se vio obligado a pedir la renuncia del director de Federal de Seguridad, que era yo. ¡Y ahí fue, ahí acabaron conmigo!

El 21 de febrero de 2006, el Tigre Nazar afirmó: "Miguel de la Madrid pidió mi renuncia a José López Portillo. Él puso gente de su confianza en la DFS. Nombró a José Antonio Zorrilla Pérez [sentenciado como presunto autor intelectual del asesinato del periodista Manuel Buendía, ocurrido el 30 de mayo de 1984].

Sobre su debacle, narró: "Un día me habló [López Portillo] para solicitarme algo que sería importante, y no quería que se enterara el secretario de Gobernación. Porque los secretarios de Gobernación ordenaban que se quitara de los reportes todo aquello en que se hablara mal de los mandatarios. Y equivocadamente comenté parte del tema con otro funcionario".

—¿Al que pendejeó?

Nazar guardó silencio, su rostro se endureció. Luego, rio ahogadamente.

—Creí que hacía bien en decírselo —su voz se convirtió en un gruñido—. Me dio coraje, me dio coraje. Y enojado no respeto ni tamaño ni impostura. Fue, dijo, uno a quien le mostré equivocadamente parte del resultado de una investigación que era secreta. Era un funcionario más en ese entonces. López Portillo me había pedido esa indagatoria y quería que se la entregara directamente. En este país nunca supieron el poder de la Federal de Seguridad en información y lo que sabía de todos ellos. Yo llegué a director y comencé a conocer todo el ámbito de López Portillo.

—¿Quién era el funcionario de medio pelo?

—Uno dice el pecado, no el pecador.

—¿También llegó a secretario Gobernación?

—Llegó más arriba —rio nuevamente.

—¿Fue presidente?

—No ponga nombre que yo no le diga.

—¿Tenía una paloma a su lado ese hombre?

—No, el que llevaba una paloma en el brazo era Fidel Castro cuando llegó a La Habana.

—¿Ése era el nombre de la esposa de quien acabó con su carrera? —pregunté.

El Tigre soltó una sonora carcajada. Luego, durante unos instantes guardó silencio.

Insistí:

—Por esa infidencia y por haberle dicho "pendejo" ocurrió su debacle, ya no continuó al frente de la DFS ni pudo convertirse en subsecretario de Gobernación…

—En la Revolución condenaron a uno por no decir lo que sabía de su jefe. Póngame contra la pared también. No veo que haya ninguna paloma. ¡Aaaah! —rememoró buscando cambiar la conversación—, las palomas que dejó ir Díaz Ordaz en la inauguración de las olimpiadas.

—¿Paloma Cordero era la compañera de aquel funcionario? ¿Fue Miguel de la Madrid quien lo llevó a su debacle?

Otra vez se carcajeo, apretó la mandíbula y asintió con la cabeza.

Luego, suspiró y lanzó:

—Es historia. El error fue haberle dicho parte de la investigación.

—¿Quién para usted fue más siniestro, Díaz Ordaz, Echeverría o López Portillo?

—Díaz Ordaz se declaró el único responsable de todo lo que pasó el 2 de octubre.

19

El Negro Durazo

Arturo *el Negro* Durazo Moreno, de acuerdo con Miguel Nazar, "era el poder tras el trono durante el gobierno de José López Portillo. Manejaba al presidente como al café".

El Negro nació en Cumpas, Sonora. Durante su infancia su familia se trasladó a la Ciudad de México y vivió en la colonia Roma. Allí conoció y se hizo amigo de López Portillo.

Para 1976 la amistad que había derivado en compadrazgo sirvió para que López Portillo, como presidente de la República, nombrara al Negro titular de la entonces Dirección General de Policía y Tránsito (DGPyT) del Distrito Federal.

Miguel Nazar Haro recordó:

"En la plenitud de su poder, un día a las seis de la mañana, mientras varios secretarios y otros funcionarios de alto nivel esperaban reunirse con López Portillo en la residencia oficial de Los Pinos, llegó Durazo. El mandatario se estaba bañando. A nosotros nos pidieron que esperáramos en una sala. Pasó el Negro y nos dijo: '¡Hola, weyes!', y se metió a donde estaba el presidente.

"Era el hombre fuerte en los tiempos de López Portillo, el encargado de la ciudad, pero sus hombres hacían labores en muchas partes del país. Fue un policía que ejecutaba su labor muy bien.

"Por lo regular, Durazo tenía un control de la delincuencia. Amplió lo que se hacía desde que se fundó el servicio secreto con el comandante Manuel Mendoza Domínguez. El Negro y sus hombres detectaron delincuentes y dijo: 'Éste es mejor cortinero, zorrero, dos de bastos, retintero, cajuelero, cirujano [ladrones que destacaban en los distintos 'artegios', especialidades del crimen]. A todos los hizo comandantes especiales. 'Ustedes me van a controlar los robos', les decían Durazo y sus principales hombres. Cuando se lo proponían, en minutos daban con los responsables de los robos".

Según Nazar, esos "comandantes" no participaron en el combate a los grupos guerrilleros.

"Eso es mucha novela. Los guerrilleros eran asaltabancos, matapolicías, secuestradores. Tendrían que checar el archivo de la policía metropolitana de esa época, y se darán cuenta de todo eso, de las detenciones y los enfrentamientos que tuvieron. Durazo controlaba la delincuencia, y durante su gestión cada quincena los jefes tenían que poner sobre su escritorio la cuota, una cantidad por todo, por patrullas, uniformes, mordidas, balas, manejo de armas, por las asignaciones de esquinas, recorridos y todo lo que generara entres. Eso sí, todo en centenarios, al Negro le gustaban los centenarios.

"Durazo fue el encargado de la ciudad. Mano dura, no. Ejecutaba su labor muy bien".

—Pero —dije— en aquella época los separos se convertían en zonas de tortura; en sitios donde se aplicaba el tehuacanazo, toques...

—Ésa fue una fama que agarró el servicio secreto desde que se inició. Después vino la División de Investigaciones para la Prevención de la Delincuencia (DIPD), que fue formada para durar, y no hubo tanta degeneración. A Durazo lo acusaron de ser el hombre duro. Hubo rudeza, pero tuvo buenos investigadores. No creo que la tortura fuera una cosa generalizada. Durazo sí era radical para sacar las cosas a como diera lugar.

"Recuerdo que había un carterista que recorría el mundo en los grandes actos, y lo agarraron aquí. Los datos están en los diarios de aquella época y le preguntaron: '¿Por qué no opera en México?' Respondió: 'Mis respetos, yo trabajo fuera. Aquí son duros'. Los policías actuaban de manera violenta, torturaban, esa fama la tenía la policía del servicio secreto. Pero a mí no me consta que había tortura. Estaba [Jesús] Miyazawa en la policía del Distrito, y él era una dama, un hombre muy decente. Durazo, que en paz descanse, tenía todo el apoyo, era el del sistema policiaco con López Portillo.

"Una vez me tocó ver durante una gira cómo en el camión en el que viajábamos el presidente llegó y comenzó a jugar con Durazo. Se picaban la panza, se fintaban tirarse golpes. Durazo era el íntimo amigo, el hombre del poder policiaco. Él le decía *Pepe* a López Portillo, y éste le concedía lo que quería. En aquella época había de policías a policías. En Tlaxcoaque tenían celdas y a los detenidos los interrogaban en los sótanos. Si estaban muy renuentes a cooperar, los 'atendían', primero el general Gutiérrez, Salomón Tanús, Francisco Sahagún Vaca y algunos otros comandantes. Todo lo hacían con apoyo del presidente.

"El Negro nunca se ubicó. Se perdió con tanto poder que [Carlos] Hank González [entonces regente del Distrito Federal] le hablaba: '¡Ese profe! Mándeme unos centavos, los necesito'. Hank no lo podía ver, nadie podía ver a Durazo".

Sobre la posible existencia de un enfrentamiento entre Arturo Durazo y los militares, el Tigre señaló: "¡Sí, claro! Pero no un enfrentamiento; eran pleitos verbales. Al Negro el presidente le concedió, con sólo pedirlo, ser general y almirante. Ello causó una confrontación con los generales y almirantes porque los mandos rechazaban la designación, y la tropa exigía ascensos. Eso provocó que hubiera un distanciamiento entre el secretario de la Defensa [el general Félix Galván López] y el presidente de la República. Durazo siempre tuvo envidia de otras instituciones y quería todo el poder. En el caso de la Federal de Seguridad, para competir con la Brigada Especial, creó el Grupo Jaguar, una unidad considerada de élite en la que participaron muchos de los que fueron grandes investigadores como [Rafael] Ochoa Cordero y Miguel Aldana Ibarra".

Miguel Nazar rememoró también la masacre del río Tula: el 15 de enero de 1982 los diarios capitalinos destacaron el hallazgo de 12 cadáveres que flotaban en este río en los límites del Estado de México e Hidalgo. Eran los restos de 11 colombianos y un mexicano. Según la versión de aquellas fechas, se trataba de los miembros de una banda de asaltantes integrada por 20 personas, entre ellas, un taxista identificado como Armado Magallón.

Los miembros de la banda vivían en hoteles de la Ciudad de México y los botines que obtuvieron de asaltar bancos y casas habitación, así como de la cocaína, se convirtieron en el objetivo de los integrantes del Grupo Jaguar bajo las órdenes de Sahagún Vaca y Salomón Tanús. Por ello mantuvieron en cautiverio desde junio de 1981 al taxista y a sus cómplices.

Las crónicas periodísticas relatan que las 12 víctimas fueron torturadas en las instalaciones de la DIPD en Tlaxcoaque y en una casa de seguridad, un centro clandestino de detención, hasta que los castigos desembocaron en la muerte. Sus cuerpos fueron arrojados al emisor central del río Tula.

"De lo sucedido en el río Tula, Durazo quiso echarme la culpa. En su reporte él señaló: 'Fueron los de la Federal'. Le dije: 'Mira, nosotros no somos santos, pero si los echamos al río, les amarramos una roca para que no salgan, ¡idiota!'. Mandé rastrear la zona y encontramos la credencial de un agente de Durazo. Se le cayó ahí. El Negro aceptó su responsabilidad y a uno de mis agentes le fue muy mal después de esa pugna, lo golpearon, ya que Durazo reconoció que lo sucedido fue obra de su gente.

"Eso ocasionó que me llamara el presidente López Portillo y me cuestionara por un supuesto tiroteo en una cantina, que éste había sido obra del personal de la DFS. Le dije que no. López Portillo me contestó: 'Pues lo estoy leyendo en el informe que me mandó Durazo'. Eso no se lo hubiera dicho al presidente. Me lo hubiera informado a mí o al secretario de Gobernación. Llamé a Durazo y le dije: 'Negro, no tienes madre. Te voy a enseñar lo que es ser hombre'".

Durazo respondió, dijo Nazar: "¡Nos retamos donde quieras! En Chapultepec o donde quieras, ¡eh! ¡Pero ve bien armado!".

"Alrededor de las cinco de la tarde mandé detener a tres agentes de Tránsito que estaban asignados a la avenida Chapultepec. Eran como 10. Le informé al presidente: 'La población ha protestado porque los agentes fulano, zutano y mengano diariamente los extorsionan'. El Negro me dijo: 'Quedamos a mano. ¿Cuándo nos vemos para darnos un abrazo?'. Respondí: '¡Cuando quieras!'. ¡Era buena gente!".

El 11 agosto de 1976 un grupo guerrillero intentó secuestrar a Margarita López Portillo.

"Ella iba en su carro en la colonia Condesa. En eso se le cierra un vehículo, y en el acto, los que estaban ahí de escolta balearon el carro. Ella se agachó y el chofer aceleró. Herido, se estrelló en una casa. Margarita bajó del vehículo, tocó en una casa y llamó para avisar que la querían secuestrar. Llegamos Durazo y yo, pero él, por ser el hombre del presidente, dirigió todo. En el lugar había heridos. La escolta de Margarita López Portillo logró lesionar a David Jiménez Sarmiento, *el Piojo Blanco*, uno de los líderes de la Liga Comunista 23 de Septiembre.

"Como el Negro estaba a cargo, él directamente lo interrogó, y fue así como agarró a toda la banda. Por las heridas David Jiménez se le murió a Durazo. Al final del sexenio de López Portillo, el Negro me pidió que fuera a verlo. Me dijo: 'Chaparro, le externé a Pepe que quería ser el siguiente presidente. Me contestó: mira, mejor prepárate un poco'.

"Tiempo después nos encontramos nuevamente, Durazo estaba triste, casi enloquecido, porque el poder se le acababa. Me dijo: 'De la Madrid [ya era presidente electo] me mando a volar'. Así era la vida de quienes tuvieron todo el poder y se acaba al final de un sexenio. En esas fechas, tras la conclusión del mandato de López Portillo, el general Félix Galván tenía de segundo al frente a una mujer guapísima, rubia, y cuando terminó su tiempo de secretario de la Defensa, ella cambió las chapas del departamento que le había comprado: él ya no podía entrar. Me llamó el general y me dijo: '¡Me cambió las chapas! ¡Oiga, don Miguel, hable usted con ella!'. '¿Yo qué voy a hablar con ella?'. 'Tírele o rompa la puerta para que yo entre'. '¡Pues rómpala usted!'. Galván se volvió loco por eso. Era el comienzo de otra administración".

20

Del Círculo Negro a AMLO

El 7 de febrero de 2006 Miguel Nazar Haro aseguró que en México "el sistema está más allá de la política".

Dos meses después, como de costumbre, sobre su mesa había una taza de café turco, periódicos y libros. Era un hombre informado que les daba seguimiento a las noticias de su interés y luego externaba sus opiniones. La seguridad y la política eran sus temas favoritos.

El 11 de abril, además de los diarios, tenía a su alcance dos textos: una copia del reglamento de la DFS y un ejemplar de *El Círculo Negro: El grupo secreto detrás del poder en México*, de Antonio Velasco Piña.

El libro expone —a decir del autor— las revelaciones de un político enfermo de cáncer, a punto de fallecer. Éste decide contarle, con el compromiso de que no revelará su identidad, la manera en que una organización secreta llamada Círculo Negro participaba en la elección del sucesor presidencial y presionaba al gobernante en turno, con base en una "constitución" de 13 incisos que solamente conocían los cinco miembros de ese grupo, el cual dio origen al sistema político que gobernó México durante 70 años.

Aquella tarde, luego de charlar sobre sus apreciaciones respecto a los resultados de diferentes mandatarios, me pidió que leyera el libro de Antonio Velasco Piña y me obsequió la copia del reglamento de la DFS.

La semana siguiente volvimos a encontrarnos. Además de las preguntas que pensaba hacerle sobre la guerra sucia, se sumaron otras relacionadas con el texto que me solicitó leer, entre ellas, si no se trataba de una novela. Deseaba que me contara su experiencia habiendo sido parte de las estructuras del poder.

Esa ocasión el Tigre lucía contento, no sufría las molestias de sus padecimientos. Le habían informado que su caso ya estaba en la fase final. "Aunque hay nervios, confío en que se resolverá favorablemente". Se refería al juicio por el que estaba en prisión domiciliaria y que ya llevaba más de dos años.

—¿El Círculo Negro existe o existió?

—Existió. Ernesto Zedillo acabó con el partido, y la estructura de ese grupo terminó con Fidel Velázquez. Hasta antes de 1968 México era un país de habitantes dormidos. El 68 fue el despertar de este país. Fidel Velázquez era uno de ellos, él controlaba todo lo que tenía que ver con el sector obrero. En el libro se le menciona como el enlace con el presidente en turno, y así lo parecía.

"Con Zedillo se destruyeron las estructuras del PRI y se acabó. Conocí los esquemas y la organización política, lo que es la historia del PRI, el México de antes. El México de ahora ha tenido un gran avance y se le debe a un pueblo trabajador y a un sistema político democrático partidista. Aquí no había una dictadura, había políticos en el poder del mismo partido: gobernadores, senadores, diputados, presidentes municipales, que eran la ventana más abandonada. Antes era un México más pequeño, y ese país era controlado por pocos en lo político y en lo policiaco. Estoy viviendo un México desconocido.

"Un ejemplo de lo que sucedía en política, con los sectores del PRI y la elección del sucesor, ocurrió en septiembre de 1981, y se hacía lo que dictaba el Círculo Negro, lo conocí esa ocasión: a finales de ese año, José López Portillo se reunió con los dirigentes de los sectores priistas. Obviamente, Fidel Velázquez, líder de la CTM, en primer plano; Víctor Cervera Pacheco, líder de la Confederación Nacional Campesina (CNC); y Humberto Lugo Gil, de la Confederación Nacional de Organizaciones Populares (CNOP). El dirigente del PRI era Javier García Paniagua. Ello ocurrió el 25 de septiembre en la residencia oficial de Los Pinos. A las 10 de la mañana se dio a conocer el 'destape' del entonces titular de la Secretaría de Programación y Presupuesto, Miguel de la Madrid Hurtado.

"Cinco días antes de esa reunión, ¡cinco!, López Portillo le prometió a Javier [García Paniagua] que sería su sucesor. Le dijo: 'Prepárate porque tú vas a ser presidente'. El PRI se sostenía por cinco columnas. La principal estaba representada por Fidel Velázquez. Era como una monarquía en la que el presidente jugaba ese papel. Cada mandatario tenía que ser aceptado por los integrantes del círculo. López Portillo cambió de elegido porque a Javier le tenían pavor, ¡era un hombre muy duro! De lo que yo me di cuenta ese tiempo lo podemos observar en la película de *La ley de Herodes*. Y pusieron a Miguel de la Madrid.

Javier García Paniagua fue hijo del general Marcelino García Barragán, secretario de la Defensa Nacional durante el gobierno de Gustavo Díaz Ordaz. Con él, Miguel Nazar Haro se convirtió en titular de la DFS.

"Cuando inició el gobierno de López Portillo, Javier fue designado entonces como director de la Federal de Seguridad y me dijo: 'Quiero que siga de subdirector'. Ya en 1978, con la aprobación del presidente, me dejó al frente de la DFS, pues lo pusieron como subsecretario de Gobernación".

Javier García Paniagua se convirtió en uno de los posibles sucesores de López Portillo a partir de 1980, cuando éste lo colocó al frente de la Secretaría de la Reforma Agraria y luego lo designó líder nacional priista. Sus aspiraciones murieron aquel septiembre de 1981.

"Para el siguiente sexenio, Emilio Gamboa Patrón le abrió las puertas a [Carlos] Salinas, y a él se le armó un relajo en el país con las muertes del cardenal [Juan Jesús Posadas Ocampo, en Guadalajara, en mayo de 1993] y Luis Donaldo Colosio [el 23 de marzo de 1994, en Tijuana, Baja California]. No tuvo otra que pasar la estafeta a Ernesto Zedillo. Luego, todavía en el sexenio de Salinas, matan a José Francisco Ruiz Massieu [el 28 de septiembre de 1994 en la Ciudad de México]. ¡Es la historia del país, y se acabó el PRI!

"El poder estaba en el control a través de los sindicatos, en las organizaciones populares, en las alianzas con los grupos de poder, y que éstas se convirtieran en brazos del gobierno. A veces el mismo sistema lo enfrenta para medir fuerzas. Hoy por hoy no existe ese poder, se volvieron independientes, son rebeldes al sistema. Por eso López Obrador, con mucha inteligencia, ha dicho que se deben renovar las instituciones. Hasta parece que estoy hablando como un político, pero la realidad que vive mi país es que los gobernantes nunca se han preocupado por la economía social. Cuando Gustavo Díaz Ordaz [gobernaba], él se ocupaba por el informe que se le pasaba después de que los agentes recorrían los mercados viendo cómo estaba el precio del frijol, si había subido la tortilla o el chile. Eso lo veía diario porque la comida del pueblo era café, frijol, huevo, tortilla, y si eso subía la gente se podía morir de hambre, y se ha visto que la gente en el campo no tiene para comer".

En julio de 2008, Nazar sostenía: "López Obrador, con mucha inteligencia, dice: 'Hay que renovar las instituciones'. Lo dice con mucha profundidad. Hay que renovar el sistema, eliminar las instituciones que no convienen. ¡Me imagino que López Obrador es como nosotros! Para ser buen policía, hay que empezar en la calle, y antes que político, él comenzó en la calle, en Tabasco, agitando petroleros. Y él conoce a fondo que para ser director necesitas haber estado en la calle para conocer la problemática. ¡Yo sí estaba a favor de López Obrador, el del PAN no va a aguantar la presión de López Obrador!".

Para esas fechas el Tigre ya era un hombre libre nuevamente. Se consideraba "un muerto en vida". Un hombre cuya carrera terminó en 1982 con la llegada de Miguel de la Madrid a la presidencia.

"En México, quien asciende al poder llega con la idea de '¡Me la debes, me la pagas!', pero pregunten a los políticos de esa época qué opinaban de mí. A menos que sean como san Pedro, como cuando a él le preguntaron si conocía a Jesús y dijo que no".

A pesar de ello, afirmó:

"Estando en mi oficina [durante el sexenio de Carlos Salinas de Gortari], me pidieron que fuera a interrogar a Mario Aburto. Como ya me había vuelto más rebelde dije: '¡No, yo no voy! Porque qué tal que en la noche lo cuelgan y dicen que fui yo'. En mi pueblo hay un dicho: 'Si soy pendejo, que me amarren un pollo'. Van caminado y el pollo 'pío pío', y voltean pa todos lados y no ven nada. Yo soy investigador político. De homicidios no sé nada. Analicé mucho, qué tal que aparece muerto y dicen: 'Nazar lo torturó, lo colgó y lo mató'".

21

Cabos sueltos

A lo largo de las entrevistas se abordaron muchos temas en los que el Tigre no quiso profundizar, por más que insistí de diferentes maneras. No obstante, hubo casos sobre los que, por su trascendencia, decidí incluir sus respuestas, aunque sus expresiones hubieran sido parcas.

Como ha sido mi intención a lo largo de todo el libro, las declaraciones, revelaciones y señalamientos del Tigre se presentan de forma que cada uno de ustedes, amables lectores, saquen sus conclusiones con base en la información existente o que posean.

Este trabajo es resultado de mi obsesión por entrevistar a los personajes que participaron en una de las épocas más oscuras en el país. No sólo busqué las respuestas fáciles, sino ofrecer una mirada lo más completa posible de la vida de Miguel Nazar; presentar, con los "asegunes" que cada lector pueda poner a lo dicho por el Tigre, las vivencias, sensaciones, pasiones y traiciones del sistema político a lo largo de su carrera policial y el impacto social que ello tuvo.

Durante el desarrollo de estas entrevistas, gente cercana al expresidente Luis Echeverría Álvarez le comentó de las charlas con Nazar. Echeverría, a través de un amigo que resultó ser uno de sus excolaboradores cuando fue mandatario, me invitó a su casa a comer. Se me permitió, durante casi una hora, recorrer el museo que sobre su gestión construyó en esa residencia del barrio de San Jerónimo Lídice.

Luego de dos horas en las que la charla versó sobre parte de su vida y sus encuentros con grandes líderes del mundo en aquella época, devinieron algunos cuestionamientos de mi parte sobre el 2 de octubre y 1971. Echeverría respondió que luego veríamos si se hacía un charla al respecto. Me dijo: "Sé que ahora entrevista a Nazar".

El diálogo con Echeverría quedó pendiente. Sólo dejó en claro que vivía orgulloso de su gobierno y mantenía su costumbre de consumir sus alimentos en mesas de madera finamente talladas, de colocar en ellas manteles de papel picado y de servir alimentos típicos de la gastronomía mexicana y aguas de sabores.

Cuando le conté a Miguel Nazar sobre mi visita a Echeverría, me dijo: "Yo no tenía amigos íntimos. Ésa es una gran ventaja. Amigos, todos; íntimo, ninguno, desde que aprendí que entre más conozco al hombre más quiero a mi perro. La lealtad siempre es de los de abajo con los de arriba. Nunca al revés. Y yo siempre he sido leal".

Manuel Buendía Téllez Girón

El 23 de octubre de 1981 fue secuestrada Beatriz Madero Garza, sobrina del panista Pablo Emilio Madero, candidato a la presidencia de la República en 1982.

El suceso fue recordado por Miguel Nazar. De acuerdo con informes gubernamentales que obran en el Archivo General de la Nación, el plagio fue ejecutado por un grupo de argentinos exiliados en México, entre ellos, Roberto Guevara de la Serna, hermano de Ernesto *Che* Guevara.

La joven, hija del empresario coahuilense Enrique Madero Bracho, fue plagiada en la colonia Polanco cuando se dirigía a su casa abordo de su automóvil. Según la información de la DFS, los secuestradores exigían 40 millones de pesos como rescate.

"Secuestraron a la sobrina de Pablo Emilio Madero del PAN. La tenían en Cuernavaca. Cuando los secuestradores dejaron el comunicado en Chapultepec, yo mandé gente. Ordené que no se movieran. Su consigna fue 'Nada más vean quién se asoma y si lo reconocen'. Ahí agarramos a un argentino y él nos llevó al grupito que la tenía secuestrada. Cuando los teníamos detenidos, y ella a salvo, a la oficina llegó el periodista al que [más tarde] asesinaron. ¡Era amigo mío, hombre!, Manuel Buendía. Me dijo: 'Señor director, ¿qué pasó, cómo está? Vengo a pedir un favor. Los argentinos exiliados en México están muy apenados con este suceso. Me pidieron que viniera para que me permita dejarle una cobija y comida a una señora argentina que estaba cuidando a la secuestrada y que está embarazada'. 'Don Manuel, no se lo permito'. '¿Por qué?', me preguntó. 'Se la voy a entregar libre. No quiero tener una mujer embarazada aquí. ¿Qué voy a hacer con ella? ¿Consignarla? Es antihumano'. Se la entregué.

"Tiempo después me escribió Buendía una carta y con ella la foto del niño que nació. Una carta romántica de Buendía hacia mí. Tenía la foto en un cuadro. Cuando lo asesinaron, yo comí con Julio Scherer y le dije: 'Carajo, es lamentable este asesinato a un hombre que por su creencia no podía hacer el mal. Mire la carta que me mandó'. La quité del cuadro y le pedí que se la diera a la familia de Buendía".

Esta entrevista se hizo en abril de 2005. Julio Scherer García falleció en enero de 2015.

"Lo vi hace poco y le pregunté: 'Oye, ¿y la carta, dónde está?, porque refleja mi personalidad y él era un gran periodista'. [Scherer] me contestó: 'Pues se la di a la familia… No me acuerdo'. Son chingaderas, ¿verdad?, que no se acordara. No hay lealtad de ser humano a ser humano. Hay que ser leal con uno mismo y recoger las virtudes y defectos de la persona ajena. Es por lo que luché en mi vida, yo sí lo hago, yo sé quién es quién".

Luego, vino su versión del asesinato de Manuel Buendía: "El autor intelectual del asesinato de Buendía fue un gringo. Acuérdese que había un gringo que tenía una mina de plata y el periodista señaló en una de sus columnas al gringo de estar ilegalmente en México al igual que su hijo. El muchacho fue detenido por agentes de Migración en Guadalajara y lo deportaron. Cuando asesinaron a Buendía, José Antonio Zorrilla Pérez se presentó al lugar de los hechos y no dejó entrar a nadie y se llevó el archivo del periodista. Al ministerio público lo tuvo como pendejo afuera mientras él se llevaba el archivo. En lugar de permitir que los agentes de la DFS junto con el ministerio público entraran a la oficina. Y eso es lo que estuvo pagando. Pero no ha dicho quién lo mandó. Tantos años que le echaron era para que hablara. Estar en la cárcel es como si te mataran, estás muerto en vida en la prisión. La cárcel es muy ruda".

Manuel Buendía fue acribillado la tarde del 30 de mayo de 1984 al salir de su oficina. José Antonio Zorrilla fue detenido el 13 de junio de 1989, acusado de ser el autor intelectual del homicidio, y fue condenado a 35 años de prisión. Sin embargo, en febrero de 2009 obtuvo el beneficio de la libertad anticipada, aunque cuatro meses más tarde la medida fue revocada. Gracias a un recurso de apelación fue liberado en marzo de 2015.

VICENTE CAPELLO Y ROCHA

Desde 1961 fue el mecanógrafo de las declaraciones rendidas por los detenidos en instalaciones de la DFS, el constructor del esquema archivístico y guardián de los documentos de la Federal de Seguridad hasta el último día de su vida en el Archivo General de la Nación. Capello y Rocha falleció en 2012. Su identidad y origen quedaron ocultos. Oficialmente, con base en las respuestas a solicitudes de información pública sobre él, sólo fue un funcionario adscrito a la Secretaría de Gobernación, cuyos datos personales fueron reservados.

Vicente Capello y Rocha ingresó a la DFS el 1 de marzo de 1960, y durante su última etapa como servidor público ejerció el cargo de "director de área con indicador de grupo jerárquico 'M'", de acuerdo con una respuesta otorgada por el AGN (organismo dependiente de la Secretaría de Gobernación) a una solicitud de información pública en 2006.

La institución federal informó entonces que asignarlo como el funcionario a cargo de la llamada Galería 1 en el AGN (donde se resguardan más de 58 000 expedientes y millones de tarjetas informativas con datos de ciudadanos y políticos de interés para el gobierno mexicano que abarcan el periodo de 1947 a 1985) se debió "al acuerdo por el que se disponen diversas medidas para la procuración de justicia por delitos cometidos contra personas vinculadas con movimientos sociales y políticos del pasado, publicado en el *Diario Oficial de la Federación* el 18 de junio de 2002". A través de este acuerdo también se ordenó el traspaso de todos los archivos en poder de la DFS al AGN para su consulta pública.

En el oficio elaborado por el AGN en 2006 se explicaba: "Vicente Capello y Rocha no ostenta cargo alguno dentro de la estructura del AGN; el cargo que detenta en el Cisen es competencia de ese órgano desconcentrado". El organismo de inteligencia, no obstante, decretó la reserva de todos los datos relacionados con Capello y Rocha por 12 años. Sin embargo, lo que sí informó es que nació en el Distrito Federal y que estudió hasta el cuarto año de la licenciatura en Ingeniería en la Universidad Nacional Autónoma de México de 1956 a 1959.

El 5 de septiembre de 2007, le comenté a Nazar que estaba en busca de datos sobre la vida de Vicente Capello y la presunta relación familiar del archivista de la DFS con un escolta de Benito Mussolini, líder del movimiento fascista italiano y primer ministro del país de la bota de 1922 a 1943. Tras la derrota de los países del Eje en la Segunda Guerra Mundial, el escolta fue destituido de su cargo, y en abril de 1945 fue asesinado.

No hay datos certeros sobre el origen de Vicente Capello y su familia, ni tampoco si llegaron asilados a México tras la culminación de la Segunda Guerra Mundial. Pero algunos integrantes de las instituciones de inteligencia mexicana señalan que formó parte de los grupos de espías internacionales a los que se les dio protección en territorio nacional, como ocurrió con Hilda Kruger, una artista de cine cuya carrera fue impulsada por el ministro de propaganda nazi, Joseph Goebbels. Ella ingresó a México el 9 de febrero de 1941 por la aduana de Nuevo Laredo, Tamaulipas, y en su ficha del entonces Servicio de Migración (actualmente Instituto Nacional de Migración) puso como una persona que podía dar referencias de ella al entonces secretario de Gobernación Miguel Alemán Valdés.

Cuando Nazar supo de mi interés por conocer detalles de la vida de Capello, dijo: "Está limpio, completamente limpio. Era un hombre que trabajaba en la Compañía de Luz y agarró dos chambas. Así entró a la Federal de Seguridad. Más o menos le vieron preparación y lo nombraron jefe del archivo... ¡Está limpio! ¡Nada de mafia italiana ni nada de eso!".

El Tigre corroboró que Capello estaba presente en los interrogatorios y transcribía las declaraciones que consideraba más importantes. Agregó: "Capello era un fanático del archivo. Él resguardaba los documentos con un celo enorme. Cuando un agente llegaba a solicitarle un dato o un expediente, le respondía que no podía entregarle nada hasta que el director le diera la orden por escrito. Capello es un celoso de su deber, por eso todavía conserva su trabajo. Mis respetos para Capello".

—¿Se investigó la penetración o llegada de fascistas o simpatizantes nazis a México?

—¿Qué tiene que ver Capello en eso?

—Se dice que fue nieto de un escolta de Mussolini.

—¡¿Capello?! ¿El que estuvo en la Federal? ¡Nombre!

—Tengo información que señala que supuestamente su familia llegó a México con apoyo de un grupo de seguidores de Hitler.

—¡¿Está seguro?! Yo sé que los jesuitas son el servicio de inteligencia del Vaticano.

Insistí, Capello es como usted, la memoria del país, pero él con base en el resguardo de los documentos. Nazar interrumpió el cuestionamiento para señalar: "Yo guardo todo en mi memoria", y sacar conclusiones de lo que sucedía con algunos investigadores y periodistas interesados en saber de Capello: "entonces le están buscando y ya le sacaron que el apellido es italiano.

"Una de la virtudes de Capello es que nunca habla, ni siquiera dice buenos días. Pero fue el hombre que estuvo en los interrogatorios fuertes, el que los tecleaba y apoyaba en la toma de los interrogatorios. Él no sabía interrogar. Un día lo arresté porque perdí mi tarjeta y le solicité mis antecedentes, porque en ellos tenía registrado un castigo. Cuando veo su informe decía: 'Nazar y sus compinches detienen a...'. ¡Me encabroné! Lo mandé arrestar.

En febrero de 2002 el Cisen hizo entrega de todos sus archivos al AGN. Capello y Rocha quedó como custodio de los documentos. Capello y Rocha fue quien desarrolló el esquema archivístico de la DFS. Sólo él tenía un esquema para combinar de manera correcta los documentos que se ingresaron en más de cinco cajas —algunas con apenas decenas de oficios y reportes, y otras con centenares de ellos—, las cuales se complementaban con los registros individuales vertidos en los millones de fichas de cada uno de los personajes espiados en el país.

Rosario Ibarra

Uno de los casos más emblemáticos de desaparición forzada durante la guerra sucia, por la lucha que a partir de entonces emprendió Rosario Ibarra de Piedra, es el de su hijo Jesús.

Entre los informes que constan en la toca penal 174/2003, como parte de la causa penal 62/2003, que se desahogó en el Juzgado Cuarto de Distrito en materia penal con sede en Monterrey, Nuevo León, está la declaración rendida por Juventino Romero Cisneros:

El 18 de abril de 1975 se desempeñaba como agente de la Policía Judicial del estado de Nuevo león, y que con un grupo de agentes, fueron comisionados para apoyar las funciones de la delegación estatal de la Dirección Federal de Seguridad, cuyo titular, Ricardo Condelle Gómez, les dio la orden verbal recibida a su vez de Miguel Nazar Haro, quien era su jefe directo, para efectuar la detención del C. Jesús Piedra Ibarra, sin que mediara algún mandamiento judicial por escrito, siendo advertidos de la peligrosidad del sujeto a detener, indicándoles el lugar y la hora donde se localizaría dicho sujeto, así como las características de la ropa que vestiría, señalando que quien comandaba el grupo era Carlos Álvarez, también efectivo de la Dirección Federal de Seguridad, recordando que el 18 de abril de 1975, entre las 20 y las 20:30 horas, se encontraba en el crucero de las calles Arteaga y Félix U. Gómez, cuando observó a una persona que coincidía con la totalidad de las características físicas señaladas para el C. Jesús Piedra Ibarra, por lo que de inmediato se abalanzó sobre él, a quien sujetó rodeándolo con sus brazos, llegando de inmediato su compañero César Manuel

Garza Espinoza, quien trató de sujetarlo, recibiendo una mordi-
da en el dedo de su mano, llegando otro elemento de la policía
de nombre Benjamín, siendo éste el que logra desarmar a Jesús
Piedra Ibarra, quien es introducido a un vehículo de lo que tenían para el operativo, siendo custodiado por otros elementos
que participaron en el mismo como Gustavo Melo Palacios,
trasladándolo a las instalaciones que ocupaba la delegación de
la Dirección Federal de Seguridad, donde Ricardo Condelle
Gómez ordenó que fuera trasladado a un rancho localizado en
las cercanías del municipio de Higueras, lo que cumplió junto
con otros agentes, recordando que la finca a la que llegaron era
una casa vieja, introduciendo al detenido, de forma personal,
junto con otros agentes, hasta un cuarto donde había una silla o
algo así como un catre, donde sentaron a Jesús Piedra Ibarra,
quien ya tenía atadas las manos porque en el trayecto se las habían asegurado para evitar cualquier tipo de agresión en contra
de ellos o de su persona, pues no dejaba de forcejear y mostrar-
se agresivo, y estando en dicho rancho, llegaron Jorge Fernández, Carlos Álvarez y Ricardo Condelle Gómez, de la propia
Dirección Federal de Seguridad, Gustavo Melo Palacios, Manuel Mauriez, Donato Granados Cuevas, Benjamín "N", Carlos
Solana y Jesús Barbosa, entre otros, de la Dirección de Policía
Judicial, además de personal de la Séptima Región Militar con
sede en el estado, ordenando Ricardo Condelle Gómez la cus-
todia del detenido y al declarante retirarse a descansar y tomar-
se unos días de vacaciones, regresando hasta la oficina donde
recogió su carro y se retiró, sabiendo que Jesús Piedra Ibarra
se dejó a disposición de Miguel Nazar Haro, en la Ciudad de
México.

En las constancias judiciales, de la página 140 a la 161, se menciona que el doctor José Guadalupe González, quien entonces laboraba para el Instituto Mexicano del Seguro Social, y también tenía un consultorio privado, atendió a César Manuel Garza: con una navaja le amputó una falange del dedo que Jesús Piedra Ibarra le mordió durante su detención.

El médico era primo de Ignacio de Jesús González González, en ese entonces propietario del rancho La Peña, inmueble que, según las constancias, le había sido ofrecido a Condelle Gómez "como una cortesía":

> … la posibilidad de utilizar su rancho para descansar algún fin de semana. Habiendo tenido conocimiento que en abril de 1975 su rancho fue ocupado por Ricardo Condelle Gómez y personal de la Dirección Federal de Seguridad bajo su mando, así como de la Policía Judicial del estado, para mantener privado de su libertad a Jesús Piedra Ibarra, todo esto sin su consentimiento, enterándose de lo anterior, por la persona que le cuidaba su rancho, de nombre Sabás García.

Guadalupe González González le comentó a Ignacio de Jesús González, su primo:

> que había ido a la Dirección Federal de Seguridad a petición de Ricardo Condelle para que hiciera un reconocimiento médico a Jesús Piedra Ibarra, que lo había detenido junto con la Policía Judicial del estado y que le urgía que le extendiera el certificado médico correspondiente, porque se lo iban a llevar a la Ciudad de México, diciéndole que lo había visto apachurrado o decaído, es decir, triste, pero que no estaba grave.

Un día después de la captura de Piedra Ibarra, Luis de la Barreda Moreno, en ese entonces director de la Federal de Seguridad, firmó un informe de actividades y en el da cuenta de que:

el 19 de abril de 1975, fue cateada la casa de seguridad habitada por Jesús Piedra Ibarra, alias *Rafael*, ubicada en las calles de Ricardo Flores Magón 2339, colonia Venustiano Carranza, en esta ciudad [Monterrey] y detalla, las armas, cartuchos y demás objetos localizados en el lugar; también del interrogatorio que el día 20 del mes y año citado llevó a cabo y de las manifestaciones que le hizo Jesús Piedra Ibarra, asentando en ella datos referentes a su persona y lo que éste le informó con relación a las actividades políticas que llevaba a cabo.

Miguel Nazar, respecto de esta desaparición, a lo largo de nuestras entrevistas, declaró: "Doña Rosario fue dos veces a verme. Me dijo: 'Mi hijo desapareció en Monterrey'. Tomé el teléfono y llamé al representante de la Federal en esa ciudad, y también hablé con el jefe de la Policía Judicial, Carlos Solana. Me dieron información. Indicaron que hubo un enfrentamiento y que sus compañeros se lo llevaron herido. Cuando le di la información, ella respondió: 'No es cierto porque mi hijo acostumbra llamarme y la señal de que está bien es que el teléfono suena tres veces y se corta, y no me ha llamado'. Volví a preguntar a Monterrey cuál era la versión verdadera, porque la señora dice que no es cierto que la Judicial lo detuvo y deben saber dónde está. Lo raro es que el agente que lo detuvo está preso, lo agarraron, y este señor dice: 'A Miguel Nazar ni lo conozco, yo lo detuve y yo se lo entregué a la Judicial del estado'. ¡Y a mí me echan la culpa! Entonces, ¿de qué se trata? Quieren explotar una gran imagen, por eso me acusan, o quieren utilizarme para culpar a políticos de esa época. ¡Están jodidos! Yo no tengo que ver. ¡Lo que yo hice está escrito, qué chingados me echan a mí la culpa! ¡Es mentira que yo mandé secuestrar o matar al hijo de Rosario Ibarra!".

Documentos y declaraciones de integrantes de la Liga Comunista 23 de Septiembre que sobrevivieron a esa época y que colaboraron con la CNDH, así como documentos que obran en el proceso penal 62/2003, refieren que Jesús Piedra Ibarra habría sido llevado, tras su detención en Monterrey, primero a las instalaciones de la DFS en la Ciudad de México y posteriormente al Campo Militar número 1. Desde 1975 se desconoce su paradero.

Rosario Ibarra de Piedra falleció en abril de 2022. Nunca cesó su lucha de exigir la aparición con vida de su hijo.

Nazar Haro fue llevado a juicio al igual que el capitán Luis de la Barreda, Carlos Solana y Juventino Romero. Nazar Haro y De la Barreda fueron absueltos; Solana y Romero Cisneros, liberados en 2006.

Los Flores Alavez

La noche del 5 de octubre de 1978 los habitantes de la residencia ubicada en Palmas 1535, en la colonia Lomas de Chapultepec, se retiraron a dormir. La casa era ocupada por cuatro jóvenes, cinco sirvientes y los propietarios: Gilberto Flores Muñoz y su esposa Asunción Izquierdo de Flores Muñoz. Él había sido gobernador de Nayarit y se desempeñaba como director de la Comisión Nacional de la Industria Azucarera. Ella era escritora de novelas: entre sus obras publicadas con seudónimo tenía *La selva encantada*, *La ciudad sobre el lago* y *Taetzani*.

Durante la madrugada, entre las dos y las cinco de la mañana, una joven acudió a la estancia que ocupaban Flores Muñoz de 72 años y su esposa de 65. Descubrió que ambos habían sido brutalmente asesinados a machetazos. Nadie escuchó nada.

Las autoridades pusieron en marcha todo el sistema para dar con los responsables. Don José Sánchez, entonces funcionario de Comunicación Social del Departamento de Policía y Tránsito a cargo de Arturo Durazo, narró que los periodistas que cubrían la nota roja en aquella época adelantaban —con disgusto para las autoridades— las pesquisas policiacas, y comenzaron a dar información sobre las líneas de investigación que seguían personajes como Francisco Sahagún Baca, Rosendo Páramo, Rafael Moreno y el entonces capitán Jesús Miyazawa.

La habitación donde ocurrió el crimen permaneció cerrada durante cuatro días. El 9 de octubre acudieron al lugar todos los investigadores ya señalados y Miguel Nazar. Hicieron una reconstrucción de hechos.

El Tigre contó su versión de lo sucedido:

"Acudí a la casa y pedí ver el lugar donde se habían cometido los asesinatos. Para ingresar a donde habían cometido los homicidios había que pasar por una pequeña sala, nadie que no conociera perfectamente la casa podría haber llegado hasta ellos. Al señor le dieron un té, estaba leyendo los periódicos y se quedó dormido con los diarios encima. Así le asestaron varios machetazos. A la mujer le dejaron el arma enterrada.

"Caminé al teléfono para decirle al presidente lo que pensaba de la primera revisión del lugar. En ese momento sentí una mirada fija. Era Gilberto, uno de los nietos. Él no se me separaba, y cuando hablé con el presidente le dije: 'Señor, para mí que fue el nieto, pero lo trato con algodones porque todavía no estoy seguro'.

"Salí por la cocina para ver por dónde entró el probable asesino, porque todo estaba cerrado".

En su versión, Nazar mencionó que llamó su atención que cuando interrogo al nieto, éste le hubiera dicho: 'entre por la cocina'. Y allí había huellas de que alguien había caminado hasta la habitación de la pareja asesinada.

"En la cocina vi una botella que me llamó la atención y ordené que se analizara. La botella contenía aguarrás, que es lo que utilizan cañeros para que el humo no los afecte. Consideré entonces: 'Quiere decir que un cañero entró'. Había un caminito de unos tres metros de largo, estaba enlodado. Esa noche hubo una fuerte tormenta y el asesino se había desplazado por ese lugar. Ingresó, subió hasta la habitación: así lo indicaban las manchas en la alfombra. Pedí a mis hombres que intervinieran los teléfonos de todos los habitantes de la casa y los amigos de ellos. El teléfono en las investigaciones es clave. Ahora ya se sabe que es algo que se debe hacer, pero antes se pasaba por alto todo eso.

"El nieto, Gilberto, le habló a un amigo y le dijo: 'Qué bueno que fuimos a tirar los otros machetes'. Habían comprado tres machetes y ropa. Me voy sobre el amigo, le pedí permiso a su mamá para que me ayudara.

"Le dije al procurador: 'Señor, detenga al homicida fulano de tal, está en Bellas Artes'. El procurador Agustín Alanís Fuentes me pidió que participara en el interrogatorio. Le respondí que ésa ya era cosa suya. Como padre uno defiende a su hijo culpable. Alanís dio una conferencia de prensa en la que afirmó que el crimen debió planearse y que el homicida debía ser un enfermo mental o una persona adicta a las drogas.

"El primer detenido fue presionado para declararse culpable. Supe que el abogado Adolfo Aguilar y Quevedo ofreció 100 000 pesos para que se declarara culpable. Al detenido le rompen la madre ahí en la policía para que dijera que sí, y lo hace. Pero a la hora de la hora ya no pudo y dijo: 'Yo no fui'.

"Investigué dónde habían comprado los machetes. Di con el lugar y me proporcionaron información de quién había hecho la compra. Cuando interrogamos a Gilberto, dijo: 'Yo los tenía atrás del refrigerador para tirar una cabaña que tengo'. 'La botella de aguarrás tiene tus huellas, ¿para qué compraste aguarrás?'. 'Para despintar la cabaña'. '¿Y para qué la despintas si ya la ibas a tirar?'. Ahí el nieto aceptó que los había matado. Fue una buena investigación; sin embargo, fue consignado y salió a los 11 años. Se dijo después que se había tratado de una venganza política, que no fue un caso esclarecido totalmente.

JULIÁN SLIM

El 22 de enero de 1975 se presentó ante la mesa número 15 del Sector Central de Averiguaciones Previas de la Procuraduría General de Justicia de Distrito Federal el profesor Manuel López Mateos, de la Facultad de Ciencias de la Universidad

Nacional Autónoma de México. Acudió a denunciar a elementos de la DFS: "principalmente Miguel Nazar Haro y Julián Slim Helú, por los supuestos delitos de privación ilegal de la libertad y los que resulten".

El oficio firmado por el capitán Luis de la Barreda Moreno, entonces director de la DFS, y que se localiza en el AGN con el folio 30001, refiere:

Manuel López Mateos fue detenido a las 10 horas del 29 de noviembre de 1974 por agentes de esta Dirección y conducido a la misma para investigación de sus relaciones con el grupo subversivo y terrorista conocido como Unión del Pueblo, habiéndose encontrado en su domicilio vasta documentación y propaganda de diversas organizaciones subversivas.

Al ser interrogado, manifestó tener 29 años de edad, ser soltero, originario de Veracruz, profesor de matemáticas en la Facultad de Ciencias de la UNAM, donde siempre se ha ostentado como elemento revolucionario que ha participado desde su época estudiantil en diferentes movimientos de agitación auspiciados por el Comité de Lucha de la citada Facultad de Ciencias.

Asimismo, confesó haber fungido, en múltiples ocasiones, como intermediario en la difusión de propaganda y literatura subversivas entre el estudiantado, valiéndose para tal fin del ascendiente que da su carácter de maestro universitario.

Declaró, igualmente, ser simpatizante y amigo personal de miembros connotados de la agrupación revolucionaria Unión del Pueblo, tales como Nuria Boldo Belda y Jaime Bali West, a quienes, en el año 1972, procuró alojamiento en el domicilio de su amiga María Eugenia Reyes Guerrero quien ignoraba las actividades delictuosas de dichas personas.

Al agotarse el interrogatorio, Manuel López Mateos fue puesto en libertad a las 20 horas del mismo día de la detención.

Durante las entrevistas, cuando el Tigre reflexionaba sobre lo que significaba el poder, señalaba: "¡El poder tiene un imán para las mujeres! ¿Qué vale más? ¿El poder o el dinero? Al poder se llega comprándolo, el poder es para hacer dinero, el dinero es para tener poder".

Agregó: "¿Sabía que Julián Slim era el jurídico en la DFS? Se encargaba de tomar declaraciones a los detenidos y uno de ellos creo que no aparece".

22

Al cierre

El Tigre deseaba "morir como hombre". Consideraba que su encarcelamiento lo había convertido en "un muerto en vida".

A veces hablaba de sus sueños, de su deseo de recorrer al lado de su esposa todo el país en coche, "pero su salud no nos lo permitiría. Pasé tanto tiempo concentrado en mi carrera que no disfruté el crecer de mis hijos ni mucho del tiempo con mi única novia, mi amor desde la juventud. Me he arrepentido de haber seguido mi pasión, ser policía, por todo lo que ha pasado y el premio que me han dado por defender a mi país, creo que no lo valió porque ni una pinche pensión me quieren dar. Dicen que cuando mucho serían mil pesos al mes y ahora mis hijos son quienes cubren nuestras necesidades. Lo hacen con gusto, pero no es justo. De lo que no me arrepiento es de haber defendido a mí país".

A pesar de sus quejas mantenía, sus ideas anticomunistas firmes, y aseguraba que su lucha fue digna e importante: "la guerrilla surgida en Guerrero y su posible unión con las células de la Liga Comunista 23 de Septiembre representaban la posibilidad de tomar el poder para los comunistas. Si ganaban en Guerrero hubieran gobernado toda la República. Hubieran desquiciado el sistema y tomado el poder. Se inspiraron en grupos que habían tenido éxito en otros países. Los guerrilleros eran gente fanáticamente preparada. Para mí eran una amenaza para el país.

"Diario deseo ser leal. El que no es leal a los hombres no es leal a sí mismo y no es leal a su patria. Yo soy leal a los hombres, soy leal a mí mismo y leal a mi patria.

"Yo no cometí ningún crimen, tampoco soy Judas, no voy a culpar a nadie. Hubo una lucha, una lucha frente a frente. Perdimos. Ganamos en esa época y salimos perdiendo ahora. Los vencedores, vencidos. ¡Qué bonita chingadera!

"Sí infiltré, compré militantes de organizaciones, infiltré lo que pude infiltrar. Hice crecer la corporación y si eso fue mi culpa, ¡sí, fue mi culpa!

"Ese fue mi delito, mi pecado. ¡Mejor hubiera sido un cabrón, un ratero, un mordelón! Estoy pagando unas chingaderas que no debo.

"Decir la verdad no importa. Yo defendía al país de grupos de asaltabancos, de gente sin rostro y sin nombre verdadero. A mis años no me importa lo que pase. ¡Ya me acabaron, ya nada más falta que me entierren, estoy muerto en vida! ¡Me acabaron! Yo estoy vencido, que escriban ellos la historia. Vencido por quienes no se atreven a decirme a la cara lo que según ellos les hice. Que digan si los martiricé, dónde, cuándo, que no digan 'no me acuerdo porque tenía los ojos vendados'. ¡Ah, que jijos de la chingada! No necesitaba martirizar a nadie, me sobra cabeza para interrogar a un detenido.

"A este Tigre lo jodieron dos años y tres meses de encierro".

Hablamos entonces de su detención. El 18 de febrero de 2004, la entonces Procuraduría General de la República (PGR) oficialmente informó que entre las 19:00 y las 20:00 horas, cuando circulaba a bordo de un vehículo Chevrolet-Pontiac, en el cruce de Periférico y Altavista, fue detenido Miguel Nazar Haro, luego de poco más de dos meses de haber sido considerado prófugo de la justicia.

La aprehensión la realizó un comando de la extinta Agencia de Federal de Investigación (AFI), al mando de Luis Cárdenas Palomino, uno de los hombres más cercanos a Genaro García Luna, en ese entonces titular de dicha agencia y actualmente sujeto a proceso penal en Estados Unidos por narcotráfico y vínculos con el Cártel de Sinaloa.

Ese día, al filo de las 23:00 horas, fue llevado al hangar de la PGR en el aeropuerto de la Ciudad de México para ser trasladado a Monterrey, donde se le pondría a disposición del juzgado cuarto de distrito para enfrentar el proceso penal por el delito de privación ilegal de libertad, en la modalidad de secuestro en contra de Jesús Piedra Ibarra durante la llamada guerra sucia.

El Tigre tenía 80 años de edad en 2004. Las circunstancias se conjugaban a su favor, aunque todo parecía que se encaminaba a purgar una condena y que, por sus padecimientos y edad, difícilmente saldría de prisión.

El miércoles 24 de mayo de ese mismo año entró en vigor una reforma al artículo 55 del Código Penal Federal. El Congreso de la Unión aprobó a propuesta del Partido del Trabajo (PT) por unanimidad y prácticamente sin discusión: "Cuando la orden de aprehensión se dicte en contra de una persona mayor de 70 años de edad, el juez podrá ordenar que la prisión preventiva se lleve a cabo en el domicilio del indiciado bajo las medidas de seguridad que procedan de acuerdo con la representación social.

"No gozarán de esta prerrogativa quienes a criterio del juez puedan sustraerse de la acción de la justicia o manifiesten una conducta que haga presumible su peligrosidad. En todo caso la valoración por parte del juez se apoyará en dictámenes de peritos".

Con esa reforma al artículo 55 del Código Penal Federal, en noviembre de 2004, luego de pasar siete meses en el penal de Topo Chico, Nazar Haro fue trasladado a la Ciudad de México y conducido a su casa en la colonia Las Águilas. El Tigre quedó sujeto a prisión domiciliaria vigilado por elementos de la AFI.

En prisión domiciliaria enfrentó también una acusación por la desaparición de seis integrantes de la organización Lacandones, vinculada a la Liga Comunista 23 de Septiembre.

El Tigre dio su versión de su captura: "un día antes de que fuera aprehendido se arregló todo. Cuando se dijo que fui detenido en Periférico no fue cierto, yo me entregué.

"Se estableció que fuera en esa zona y hora. Yo iría en mi vehículo y no opondría resistencia. Cuando se acercó quien iba al mando del grupo me dijo: 'comandante por favor acompáñenos, aquí está la orden de aprehensión'. Salí de mi unidad y subí a una de las que ellos traían.

"Nunca anduve huyendo. Tengo cinco hijos, 13 nietos y un bisnieto. Cada quien vive en su casa y son gente alejada de la política. Cada uno tiene su vida hecha y si hubiera huido me iban a buscar en sus domicilios. ¡No valía la pena! Por eso me entregué yo.

"¡Imagínese qué hubiera sido de mi esposa! Qué yo estuviera encerrado y ella falleciera (María Antonieta Daw estaba sumamente enferma de un padecimiento pulmonar y requería permanentemente de oxígeno y un acompañante). Yo tenía que estar aquí a su lado. En mi familia hay unidad".

Durante su aprehensión Miguel Nazar llevaba una boina de color beige cubriéndole la cabeza. Cuando ingresó al penal de Topo Chico, uno de los internos se la pidió y él se la entregó.

El 29 de septiembre de 2006, al tiempo que un agente del Ministerio Público Federal le notificaba su libertad absoluta por los cargos que le pretendió fincar Femospp, al ser declarado inocente de la desaparición de integrantes del grupo guerrillero de Los Lacandones, también de las acusaciones de privación ilegal de la libertad, en la modalidad de secuestro, entre otros, de Jesús Piedra Ibarra e Ignacio Salas Obregón, dos integrantes de la Liga Comunista 23 de Septiembre; al igual que del delito de genocidio por los hechos del 2 de octubre de 1968 y la matanza del 10 de junio de 1971.

Su hijo y abogado, José Luis, le entregó la gorra con la que fue detenido, la prenda le fue dada en una base de madera con un capelo de vidrio. Para ellos significó libertad.

No lograría su sueño de viajar en coche por todo el país. Su esposa moriría años después de su liberación. Ello provocó que su estado de ánimo decayera y los encuentros se volvieron esporádicos.

Llegó en diciembre de 2011. Estábamos en el Café La Parroquia en Insurgentes. El Tigre sorbió largo su café. A la mesa estábamos su hermano Pedro y Aurora Vega. Soltó: "esta será la última Navidad que nos encontremos".

Su hermano, que había viajado a México como lo hacía cada año para pasar las fiestas navideñas con su Miguel Nazar, al igual que quienes lo acompañamos, lo vimos con sorpresa.

Retomó el tema de las acusaciones en su contra y mencionó que durante su juicio dijo al juez federal con sede en Monterrey: "Usted me está diciendo que yo desbaraté a la Liga Comunista 23 de Septiembre, ¿a mexicanos?, ¡no, señor, no eran mexicanos! Mexicanos de nacimiento, pero enemigos de su patria. ¡Esos cabrones estaban bien preparados!

"Yo no tengo futuro. Termino siendo la vergüenza y el placer. Las dos cosas. El placer para quienes me necesitaron y resolví sus asuntos. Ahora soy su vergüenza.

"No comprendo por qué me convirtieron en esto, cuando en el extranjero me distinguieron: Inglaterra me otorgó la Cruz de Hierro y Bélgica me dio un reconocimiento, entre otras condecoraciones internacionales. Aquí el sistema desecha a sus hombres, pierde la memoria. Enfrentamos a la gente rebelde que prepararon en el extranjero, gracias a nuestro creador logramos que no nos causaran mayores problemas.

"Hay dos clases de muerte. El que fallece físicamente y el que muere por encierro. Yo soy un muerto en vida y ya. No tengo porvenir ni tengo la oportunidad de regresar el tiempo. Entonces estoy muerto en vida. Que siga la vida en el país, ya vendrán mejores hombres y tendrán mejores policías que sean reconocidos por su labor y no tengan que pasar lo que yo".

El Tigre narró uno de sus pecados: "En aquella época me di cuenta de la elevación que se iba a presentar en el dólar y yo le intervine el teléfono al secretario de Hacienda, y supe que desde la presidencia había recibido la orden de devaluar en Semana Santa. Entonces le dije a mi amigo Enrique (Hamparzumian), el de Taconazo Popis, 'dame todo el dinero que tengas, yo te lo devuelvo mañana con intereses'. Todo lo metí en dólares y de 13 o 14 pesos que estaba la cotización se fue a 49 pesos. devolví el dinero prestado. Delito, pues sí, pero es un pecado que Dios perdona, se llama astucia".

Dos años y once meses antes de su fallecimiento, el Centro de Investigación y Seguridad Nacional (Cisen, actualmente Centro Nacional de Inteligencia) editó el libro Cisen 20 años de historia. Testimonios, un compendio de entrevistas con quienes habían sido directores del organismo fundado en 1989. En el texto de circulación restringida, aparece una entrevista con Jorge Enrique Tello Peón y un encuentro con Miguel Nazar.

El compilador de las entrevistas le preguntó a Tello: ¿Cuál fue tu mejor momento como director del Cisen?

"Un momento que me parece muy significativo en la historia del Cisen fue cuando tuve el gusto de recibir a don Miguel Nazar Haro, una de las figuras clave de la inteligencia en México, en los tiempos que precedieron al Cisen. Don Miguel fue un hombre que había trabajado creyendo en las instituciones de la República. Cuando visitó el Cisen, su cara estaba llena de orgullo. Se sentía, y con razón, parte de esa historia. Nada que ver con las instalaciones y los medios con los que a él le había tocado trabajar décadas atrás. Al percibir su emoción le dije: 'Don Miguel, estas columnas están construidas sobre los cimientos que usted y tantos otros mexicanos forjaron con enorme esfuerzo'. Y era absolutamente cierto. A mí me llamaba mucho la atención que, no obstante lo elaborados y sofisticados que eran nuestros compañeros de Investigaciones Políticas y Sociales, sin lo que habían construido los compañeros de la federal de Seguridad no hubiéramos llegado a donde estábamos. Nos había dejado grandes enseñanzas que ahora pasaban por el tamiz de la modernización, la tecnología y los nuevos sistemas, pero indudablemente su huella estaba allí.

"Habíamos recibido la mística de muchas personas, como Miguel Nazar Haro, que se habían forjado como hombres de inteligencia en condiciones mucho más rudimentarias".

El Tigre Nazar Haro murió el 26 de enero de 2012.

El Tigre de Nazar de Gustavo Castillo García
se terminó de imprimir en noviembre de 2023
en los talleres de
Impresora Tauro, S.A. de C.V.
Av. Año de Juárez 343, col. Granjas San Antonio,
Ciudad de México